学ぶ・わかる・みえる シリーズ 保育と現代社会

演習・保育と子育て支援

編集　小原 敏郎
　　　橋本 好市
　　　三浦 主博

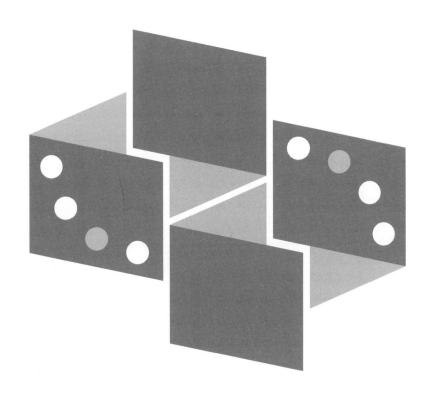

執筆者一覧

●編者

小原　敏郎（おはら としお）　共立女子大学
橋本　好市（はしもと こういち）　神戸常盤大学
三浦　主博（みうら きみひろ）　仙台白百合女子大学

●執筆者（五十音順）

上村　裕樹（うえむら ひろき）	東北福祉大学	第5章
大瀬戸美紀（おおせと みき）	東北生活文化大学短期大学部	第6章
小口　将典（おぐち まさのり）	関西福祉科学大学	第13章
小原　敏郎（おはら としお）	（前出）	第3章
亀﨑美沙子（かめざき みさこ）	十文字学園女子大学	第9章
谷川　知士（たにがわ さとし）	純真短期大学	第12章
天摩　雅和（てんま まさかず）	八戸学院大学短期大学部	第8章
隣谷　正範（となりや まさのり）	飯田短期大学	第11章
直島　正樹（なおしま まさき）	相愛大学	第4章
橋本　好市（はしもと こういち）	（前出）	第1章
三浦　主博（みうら きみひろ）	（前出）	第2章
義永　睦子（よしなが むつこ）	武蔵野大学	第7章
渡邊　慶一（わたなべ けいいち）	京都文教短期大学	第10章

はじめに

「子ども家庭福祉」「子ども家庭支援論」「子育て支援」「子ども家庭支援の心理学」など、保護者への子育て支援に焦点を当てた新たな保育士養成課程が2019（平成31）年度からはじまった。

本書はそれらの教科のなかで、演習科目「子育て支援」「子ども家庭支援」に対応したテキストとして、保護者への対応や子育て支援の方法などについて実践的に学び、理解を深めてもらうことを目的に編集したものである。

「保育所保育指針解説」では、子育て支援を実践するに際し、ソーシャルワーク理論の理解を深め、保護者支援のために援用していくことを求めている。そこで、本書は保育士養成課程のカリキュラムに則しつつ、ソーシャルワークの要素を多分に取り入れた内容とした。また、必要なこと・知りたいことを簡潔に整理し、読者が主体的に学べ（読む、理解できる）、実践へ活用できるような配慮をしている。

子どもに関する社会的動向を見ると、出生数が減少傾向にある一方で、保育所の待機児童解消という相矛盾する課題もあり、さらに認定こども園の創設によって保育士や幼稚園教諭（保育教諭を含む）などの資格制度も多様化している。言い換えれば専門性が不透明な時代ともいえる。しかしながら保育士などの専門職が、子どもや保護者、地域・社会に対して「子どもの最善の利益」を基盤に子育て支援を実践していくことの重要性は、いつの時代であっても変わらない・変えられない役割といえる。

なお、本書が保育士養成のテキストとしているゆえに、幼稚園や認定こども園における教育実践との整合性といった議論の余地を残している。それらの点について十分に応えられていない部分があるかもしれない。この点については編者ともども真摯に受け止め、みなさまからの建設的なご教示をいただけると幸いである。

最後に、子どもたちの生活基盤が盤石であることが、子どもの生命と発達、人権保障への第一歩である。子どもの生活の安定への努力こそが保育専門職の命題であり、保育実践がその重要な部分を担っているのである。そのためには、子どもだけではなく、その保護者を理解し寄り添っていくことが重要となる。本書がその一助となれば幸甚である。

本書の発刊にあたり、企画・編集・校正等などにおいて多大なるご負担とご尽力をいただいた常務取締役の荻原太志氏及び企画部の小川眞貴子氏に、この場をお借りして心より感謝申し上げる。

2019年8月

編者一同

* 本書で示す「保育所保育指針」とは、2017（平成29）年3月31日厚生労働省告示（第117号）、2018（平成30）年4月1日から適用した指針をさす。また、「保育所保育指針解説」とは、厚生労働省により2018（平成30）年2月発行されたものを指す。

* 本書に示す「保育所」とは、保育所・小規模保育所・幼保連携型認定こども園等を含み、保育士が業務を遂行する場をさしている。

『演習・保育と子育て支援』テキストの特長と活用

1．本書の特長と学習の流れ

- 本書は、保育士養成校の学生や保育実践者が子育て支援（保護者への支援）について、基本的な知識から実践的な技術や方法までを効果的に学べるように構成したテキストです。
- 本書は、段階を追って子育て支援の知識や技術、プロセスを学べるように「基礎編」→「演習編」→「ショート事例編―子育て支援の実際」→「プロセス事例編―児童福祉施設における子育て支援」の4編で構成しています。「基礎編」以外は、ワークや事例演習（ケーススタディ）を交えて体験型の学習を進めていきますので、指導者（教員）などの指示や指導を参考に進めていくとよいでしょう。
- 各章の導入部分には、保育士をめざす学生の「みらいさん」と子育て支援の授業を担当する「トシ先生」が、会話を通して章のテーマについての視点やポイントなどを解説していますので、まずはそこで学習する内容のイメージをつかんでください。

※本書では、「子育て支援」を「保護者支援」と同じ意味でとらえて編集しております。本文中、文脈により「子育て支援」「保護者支援」「保護者への支援」などの表現を使用していますが、基本的な意味に違いはありません。なお、保育士養成カリキュラムにおいて「子育て支援」は教科名であり、教科の内容には保護者支援が示されています。また、「保育士」と「保育者」も文脈によって使い分けていますが、基本的な意味に違いはありません。

みらいさん　　　トシ先生

〈本書の学習の流れ〉

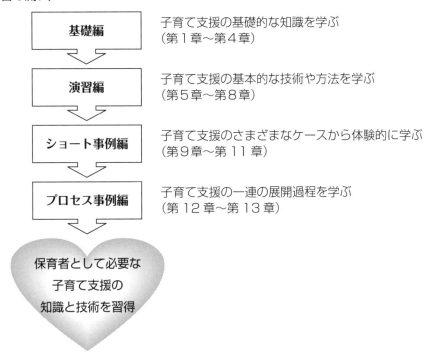

2．本書の活用方法

【基礎編】

◉学びの内容

　基礎編は、保育士として子育て支援（保護者への支援）を実践するにあたっての理念や基本的な考え方と展開過程を学びます。

　はじめに、子育て支援が保育士に求められる背景（第1章）や子育て支援を実践する際に最も大切にしなければならない理念である「子どもの最善の利益」について理解します（第2章）。次に対人援助職としての倫理を確認したうえで（第3章）、展開過程を学びます（第4章）。

◉学習方法

　章の最後に「まとめてみよう」という3～4題のふりかえりの課題が示されています。本文をよく読んだうえで、自分なりに学んだことをまとめてみましょう。このまとめは、基礎編以降の演習や事例演習を行う際に確認しながら進めると効果的です。

【演習編】

◉学びの内容

　演習編では、基礎編の学びを基盤としながら、保護者の理解や接し方の基本と子育て支援を展開するうえでの基本的な技術や方法を実践的に学びます。

はじめに、子育て支援の展開に必要な計画や記録、評価（第5章）を学んだうえで、ジェノグラムやエコマップの作成などさまざまなワークを体験します。そして、保護者への接し方やかかわり方、信頼関係を構築する対人援助の基本（第6章・第7章）を模擬面接やリフレーミングの手法などを用いて学んでいきます。さらに地域の社会資源を活用したり、関係機関との連携の方法を学びます（第8章）。

● 学習方法

1つの節が、解説とワークで構成されています。解説をよく理解したうえでワークに取り組みましょう。ワークは「ワークのねらい」で学びのポイントが示されています。そのポイントを意識しながらワークを進めましょう。最後に「ワークをふりかえって」の設問で、ワークで学んだことをまとめます。

【ショート事例編—子育て支援の実際】

● 学びの内容

ショート事例編では、短編事例を用いて、ここまで学んできた知識や技術、方法を実践的に体得すると同時に、さまざまな子育て支援のケースを擬似的に体験していきます。

はじめに、保育所で日常の保育と一体になった子育て支援のケースなどを学び（第9章）、続いて児童虐待や仕事と子育てに悩むひとり親家庭など、深刻な問題や課題を抱えたケース（第10章）、保護者からのクレームや不当な要求などへの対応（第11章）を学びます。

● 学習方法

1つの節が、その節のテーマに対する解説とショート事例で構成されています。事例には下線が引いてあり、それに対する演習課題を設定しています。保護者の気持ちや保育者の考えなどを読み取りながら事例演習に取り組みましょう。

【プロセス事例編—児童福祉施設における子育て支援】

● 学びの内容

プロセス事例編では、児童福祉施設の種別ごとに展開される子育て支援のプロセス（過程）を学んでいきます。子育て支援は問題の発見から終結まで、さまざまな支援を断続的に行うことになります。また、状況の変化にも適切な方法で対応し、ときには他機関と連携した支援が行われます。したがって、一連の流れを客観的に理解し、適確に状況判断できる力量が求められます。

プロセス事例編においては、そのような視点から事例演習を行います。まず、保育所における子育て支援を3つの事例を通して学びます（第12章）。続いて、児童発達支援センター（第13章）の特性を活かし実践される子育て支援を学びます。

● 学習方法

最初の「ねらい」では、事例演習での学びのポイントを示しています。そのポイントを意識

して事例を読み進めましょう。事例は利用者と保育士の会話も交えて場面構成されていますので、グループやペアになり、登場人物になりきって演じてみると、場面をよりリアルに感じることができるでしょう。

　事例の最後に「事例の考察」があります。これは、ここまでの子育て支援を振り返り、残された課題や新たなニーズなど、今後の支援に必要な考察を示しています。その後に続く演習課題に取り組む際の参考にしてください。

本書を活用される教員のみなさまへ

　本書をご利用いただく際には、指導者用マニュアルをご活用ください。指導者用マニュアルには、ワークや演習課題の解答例や解説、またワークシートの様式等が記載されています。指導者用マニュアルはPDF形式で弊社ホームページの「書籍サポート」からダウンロードいただけます（無料）。「ダウンロード申し込みフォーム」からご利用ください。

みらいホームページ：http://www.mirai-inc.jp/　→「書籍サポート」

【お問い合わせ】
㈱みらい　企画編集部内「演習・保育と保護者への支援」係
〒500-8137　岐阜市東興町40番地　第5澤田ビル
TEL：058-247-1227　　FAX：058-247-1218　　E-mail：info@mirai-inc.jp

もくじ

はじめに
『演習・保育と子育て支援』テキストの特長と活用

■基礎編：子育て支援の意味と目的・方法■

第1章　保育と子育て支援

① 保育士として子育て支援を実践するために …………… 18
　1　子育て支援を学ぶにあたって―その社会的背景―　18
　2　保育士が子育て支援を担う意義　18
　3　保育所保育指針にみる子育て支援　21

② 子育て支援とソーシャルワーク …………… 22
　1　ソーシャルワークとは　22
　2　「ソーシャルワーカーの倫理綱領」と子育て支援　23

③ 保育士として子育て支援にかかわるために …………… 25
　1　援助と支援をどうとらえるか　25
　2　保育所保育士としての子育て支援のあり方　26
　3　子育て支援と子ども家庭支援　27
　まとめてみよう　28

第2章　子どもの権利と子育て支援

① 子どもの権利を守る取り組み（権利擁護） …………… 30
　1　子どもの権利条約と権利擁護　30
　2　子どもの権利擁護の実際　32

② 子どもの最善の利益を考慮した保育 …………… 35
　1　子どもの最善の利益を考慮した保育　35
　2　子どもの最善の利益と子育て支援　37
　まとめてみよう　40

第3章　保育の専門性と子育て支援

1 保育者に求められる専門性 …………………………………… 42
1　保育者に求められる倫理　42
2　子どもの保護者に対する保育に関する指導とは　44
3　子育て支援に求められる態度・知識・技術　44
4　子育て支援の専門性を軸とした成長モデル　46

2 子育て支援の構造 ……………………………………………… 48
1　「園・保育者―子ども―保護者」の関係の違い　48
2　子育てのパートナーをめざす環境づくり　49
まとめてみよう　50

第4章　子育て支援の展開過程

1 保育現場における子育て支援の内容 ………………………… 54
1　子育て支援の展開過程を学ぶにあたって　54
2　保育現場における子育て支援の内容（相談内容）　55

2 子育て支援の展開過程・概要と保育者としての留意点 …… 55
1　子育て支援の展開過程のとらえ方　55
2　子育て支援における計画と環境の構成　56
3　子育て支援における評価　57
4　子育て支援における記録　59
5　子育て支援を展開していくうえでの留意点　60

3 子育て支援における関係機関との連携 ……………………… 61
1　子育て支援における関係機関との連携の必要性　61
2　子育て支援におけるケースカンファレンス　62
3　保育者が関係機関との連携を図る意義　64
まとめてみよう　65

■演習編：子育て支援の基本■

第5章　子育て支援における計画・記録・評価

1 計画の必要性と計画策定の方法 …………………………………………………… 70
　　1　計画の必要性　70
　　2　計画策定の方法　71
　　3　連携に基づく支援　72
　　■ワーク1　「計画」作成における協力者の参画を促すための環境構成の検討　73

2 支援記録の必要性と記録の方法 …………………………………………………… 74
　　1　記録の目的　74
　　2　記録・記載の留意点　75
　　3　記録の方法　76
　　4　サービス中心アプローチによる記録　77
　　5　ジェノグラム・エコマップ　77
　　■ワーク2　マッピング技法（エコマップ）の作成　80

3 評価の必要性と評価方法 …………………………………………………………… 82
　　1　評価の必要性　82
　　2　評価の方法　82
　　■ワーク3　実習の成功体験を自己評価する　84

第6章　保護者との信頼関係の構築

1 保育者と保護者の間における信頼関係とは ……………………………………… 88
　　1　信頼関係(ラポール)に基づいた人間関係とは　88
　　2　保護者との信頼関係を築く保育者の基本的態度の原則　89
　　■ワーク1　保育者の基本的態度に則した保護者への応答　92

2 信頼関係を築く受容と共感的理解 ………………………………………………… 95
　　1　保護者との信頼関係を築く傾聴の姿勢　95
　　2　保護者との信頼関係を築くカウンセリングの基本姿勢　96
　　■ワーク2　面談の基本姿勢・態度と子育て支援　97

第7章　保護者の理解とかかわり方

1 保護者の思いに気づく、保護者を理解する …………………… 102
　1　子育てのパートナーとしての保育者　102
　2　保護者の養育者としての成長を支える　102
　3　保護者の子育てや家庭生活についての思いに気づく　103
　■ワーク1　保護者との面談のロールプレイング　104

2 保護者をエンパワーメントする ……………………………… 109
　1　子どもや保護者の今できていることを見つけて増やす　109
　2　新しいかかわり方へのヒントを探す　111
　3　保護者にかかわり方のヒントを提案する　112
　■ワーク2　リフレーミングと子どもの気持ちの代弁　114

第8章　地域資源の活用と関係機関との連携・協力

1 子育てを支援する地域資源の理解と活用 …………………… 120
　1　私たちの地域にある社会資源　120
　2　地域資源の活用　120
　■ワーク1　身近な地域の社会資源を知る　121

2 関係機関との連携・協力 ……………………………………… 123
　1　子育て支援にかかわる地域資源や関係機関　123
　2　関係機関とのネットワークづくり　123
　■ワーク2　関係機関との連携・協力とネットワークを考える　125

■ショート事例編：子育て支援の実際■

第9章　保育所の特性を生かした保護者への支援

1 日常の保育と一体となった子育て支援の展開 ……………… 132
　保育士の専門性を生かした子育て支援　132
　■事例から考えてみよう　オムツが外れないことを心配する母親　133

2 文書を活用した子育て支援 ……………………………………………… 135

子育て支援における文書の活用　135
■事例から考えてみよう　2歳児のいざこざ　136

3 保育所の特性を生かした地域子育て支援 ………………………………… 138

保育所に求められる地域子育て支援とは　138
■事例から考えてみよう　地域の孤立家庭に対する支援　138

4 相談・助言における保育士の専門性の範囲と限界 ……………… 140

保育士の行う相談・助言　140
■事例から考えてみよう　夜間保育を利用する親子への支援　141

第10章　特別な支援を必要とする保護者への支援

1 児童虐待が疑われる家庭への子育て支援 ……………………………… 146

特別な支援を必要とする保護者と児童虐待　146
■事例から考えてみよう　生育歴に葛藤しながら子育てに思い悩む母親　150

2 ひとり親家庭への子育て支援 …………………………………………… 151

ひとり親家庭の現状理解と子育て支援の視点　151
■事例から考えてみよう　離婚後、2人の子どもを育てるひとり親家庭　153

3 障害のある子どもを育てる保護者への子育て支援 ……………… 155

障害のある子どもへの理解と子育て支援の視点　155
■事例から考えてみよう　子どもの園での様子を受け入れられない母親への支援　157

第11章　問題・課題のある保護者への支援

1 養育上に不適切なかかわりがある保護者への支援 ……………… 162

1　子育て支援と保育士の役割　162
2　子育て支援の実際　163
■事例から考えてみよう　子どもとかかわる中で見えてきた家庭での養育の姿　164

2 苦情を繰り返す・不当な要求を行う保護者への支援 …………… 165

1　子育て支援におけるニードのとらえ方　165
2　苦情・不当な要求への対応　167

■事例から考えてみよう　保育所の対応を不満に思う保護者　168

❸ 保護者間トラブルを抱える保護者への支援 ……………………… 170

保護者間トラブルと保育士の対応　170
■事例から考えてみよう　子ども同士のケンカが相手の保護者への不信に　172

■プロセス事例編：児童福祉施設における子育て支援■

第12章　保育所における子育て支援

❶ 事例：育児不安になった保護者への支援 ……………………… 178

1　事例の概要　178
2　事例の展開　179
3　事例の考察　183

❷ 事例：仕事と育児の両立で悩む保護者への支援 ……………… 184

1　事例の概要　185
2　事例の展開　186
3　事例の考察　189

❸ 事例：育児不安がある父子家庭への支援 ……………………… 190

1　事例の概要　190
2　事例の展開　191
3　事例の考察　194

第13章　児童発達支援センター（障害児の通所施設）における子育て支援

事例：知的障害のある子どもの母親への支援 …………………… 198

1　事例の概要　198
2　事例の展開　199
3　事例の考察　204

基礎編
子育て支援の意味と目的・方法

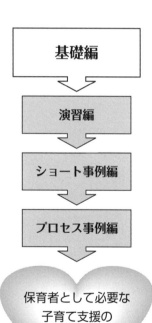

子育て支援の基礎的な知識を学ぶ
(第1章～第4章)

第1章　保育と子育て支援

トシ先生　みらいさんは、保育者の仕事にどのようなイメージをもっていますか？

みらいさん　う〜ん……。やはり子どもと一緒に遊んだり、絵を描いたり、歌ったりして楽しい仕事を想像します。もちろん、低年齢児の子どもには、ミルクを与えたり、オムツを替えたりもします。

トシ先生　それだけかな？

みらいさん　えーと、そうだ！家庭での子どもの様子を保護者に聞いてみたり、連絡帳で保育所での子どもの様子を伝えたり、気になることがあればお迎えのときに保護者と直接お話ししたりとか……。そういえば、保育所実習のときに、お母さんから子育てに関する相談を受けている先生を見かけることがありました。

トシ先生　そうですか。保護者から相談を受けている場面を見たのですね。それはいい経験をしましたね。保育者は、直接子どもにかかわるだけでなく、保護者に対して子どもの発達や発育に関するアドバイスをしたり、子育てや生活上の困ったことに対して、他の専門機関と協力しながら支援することも重要なのです。

みらいさん　確かに「保育原理」や「保育者論」、「社会福祉」、「子ども家庭福祉」などの講義で、保護者への子育てに関する指導も保育者の仕事だと学びました。でも、これから学ぶ「子育て支援」という講義は、これまでの講義とは何か違うのでしょうか。そういえば「子ども家庭支援」「子育て支援」「保護者支援」とかいろいろ似たような単語がでてきますが……。

トシ先生　そうですね。似たような言葉が多くてわかりにくいですよね。ここでは、「子育て支援」の意義や役割りなどの基本的な考え方を整理しながら、保育者が保護者に対して行う子育て支援について学んでいきましょう。

保育士として子育て支援を実践するために

① 子育て支援を学ぶにあたって―その社会的背景―

　保育士の業務には、子どもへの日常的保育に加え、その保護者や地域の子育て家庭に対する支援を行うことが含まれる。

　その背景には、保護者の養育環境が近年急激に変化してきたことがあげられる。周知の通り、核家族化や共働き世帯の増加にともない、仕事と子育ての両立の難しさ、経済的負担、保育所の待機児童問題、さらにひとり親家庭の増加（表1-1）や経済的格差、子どもの貧困、子ども虐待件数の増加傾向（図1-1）など、子育てにまつわる問題や課題が噴出している。

　「子どもは社会と未来の財産である」と語られるのであれば、保護者の子育てに関連する多様なメッセージやSOSを受け止め、共感し、支えてくれる存在が必ず必要となる。もちろん、親族や地域にそのような存在がいることが理想である。しかし、そのような存在がいない場合や子育てについて専門的なアドバイスが必要な場合、保護者が身近に感じて相談できる専門職の存在が必要であろう。その職種の一つとして、子どもとのかかわりを通して保護者に寄り添い、その困難を理解し、支援できる専門職の保育士が期待されている。

② 保育士が子育て支援を担う意義

　保育士は、児童福祉法第18条の4に「保育士の名称を用いて、専門的知識及び技術をもつて、児童の保育及び児童の保護者に対する保育に関する指導を行うことを業とする者」と定義されている。その主たる行為には、子どもの保育（ケア）を第一義的業務としつつも、保護者の保育に関する「指導」が求められている。ここでいう「指導」とは法律上の表現であり、わかりやすく説明すると、保護者に対して専門的な立場からの助言（アドバイス）・指示・支持・共感・見本・情報提供等の行為を含んだ用語である[1]。そのため、保育士には「乳児、幼児等の保育に関する相談に応じ、及び助言を行うために必要な知識及び技能の修得、維持及び向上」させる努力義務がある。「保育所保育指針」にも、保育所保育および保育士の役割・業務について下記のように明言し、その一連に関する行動指針を示している。

第1章　保育と子育て支援

表1-1　ひとり親家庭の概況

		母子世帯	父子世帯
1	世帯数［推計値］	123.2万世帯 （123.8万世帯）	18.7万世帯 （22.3万世帯）
2	ひとり親世帯になった理由	離婚　79.5%（80.8%） 死別　 8.0%（ 7.5%）	離婚　75.6%（74.3%） 死別　19.0%（16.8%）
3	就業状況	81.8%（80.6%）	85.4%（91.3%）
	就業者のうち　正規の職員・従業員	44.2%（39.4%）	68.2%（67.2%）
	うち　自営業	3.4%（ 2.6%）	18.2%（15.6%）
	うち　パート・アルバイト等	43.8%（47.4%）	6.4%（ 8.0%）
4	平均年間収入 ［母又は父自身の収入］	243万円（223万円）	420万円（380万円）
5	平均年間就労収入 ［母又は父自身の就労収入］	200万円（181万円）	398万円（360万円）
6	平均年間収入 ［同居親族を含む世帯全員の収入］	348万円（291万円）	573万円（455万円）

※　（　）内の値は、前回（平成23年度）調査結果を表している。
※　「平均年間収入」及び「平均年間就労収入」は、平成27年の1年間の収入。
※　集計結果の構成割合については、原則として、「不詳」となる回答（無記入や誤記入等）がある場合に、分母となる総数に不詳数を含めて算出した値（比率）を表している。
出典：厚生労働省「平成28年度全国ひとり親世帯等調査」2017年（https://www.mhlw.go.jp/file/04-Houdouhappyou-11923000-Kodomokateikyoku-Kateifukishika/0000188136.pdf）

図1-1　児童虐待相談対応件数の増加

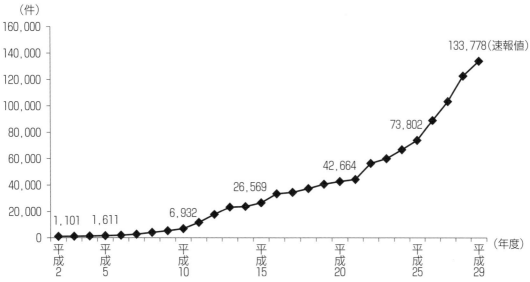

出典：厚生労働省「平成29年度 児童相談所での児童虐待相談対応件数（速報値）」2018年
　　　（https://www.mhlw.go.jp/content/11901000/000348313.pdf）

> 保育所保育指針
> 第1章　総則
> 1　保育所保育に関する基本原則　(1) 保育所の役割
> 　ア　保育所は、児童福祉法第39条の規定に基づき、保育を必要とする子どもの保育を行い、その健全な心身の発達を図ることを目的とする児童福祉施設であり、入所する<u>子どもの最善の利益を考慮</u>し、その福祉を積極的に増進することに最もふさわしい生活の場でなければならない。
> 　イ　保育所は、その目的を達成するために、保育に関する専門性を有する職員が、家庭との緊密な連携の下に、子どもの状況や発達過程を踏まえ、保育所における環境を通して、<u>養護及び教育を一体的に行うこと</u>を特性としている。
> 　ウ　保育所は、入所する子どもを保育するとともに、家庭や地域の様々な<u>社会資源との連携</u>を図りながら、入所する子どもの<u>保護者に対する支援及び地域の子育て家庭に対する支援</u>等を行う役割を担うものである。
> 　エ　保育所における保育士は、児童福祉法第18条の4の規定を踏まえ、保育所の役割及び機能が適切に発揮されるように、倫理観に裏付けられた専門的知識、技術及び判断をもって<u>子どもを保育するとともに、子どもの保護者に対する保育に関する指導</u>を行うものであり、その職責を遂行するための専門性の向上に絶えず努めなければならない。
>
> （下線部は筆者）

　このように、児童福祉法に規定された専門職である保育士について、保育所で子どもと保護者への支援を展開していく整合性を、下記の通り整理してみる。

- 保育所を利用する保護者および地域で子育てをしている保護者にとって、最も身近な子育てに関する第三者（専門職）が保育士である。
- 保育実践は、保育士と子どもとの一方的な営みで完結するものではなく、保護者（子どもを含めた）との連携と関係性のもとで形成されていく営みである。
- 子育て支援は、①子ども自身、②親、③親子関係、④地域社会の4つの枠組み[2]の全体的な視点をもつことが重要である。
- 生活者という立場からとらえた場合、①子ども自身、②親、③親子関係、④地域社会は、いずれも切り離すことができない。これら社会関係のなかで営まれる子育て、つまり子どもと保護者を把握し、子育ての場となる家庭と地域における生活の全体性を視野に入れた支援を構築して

- 生活というものは「休むこと」も「そこから逃げ出すこと」もできない。ましてや生活上の困難が生じた場合にこそ、社会的存在として社会関係との有機的なつながりから人間らしい営みを保障していく必要がある。子どもと保護者を支援するということは、生活の主体者であるという視点を保持しながら、子どもの将来を見すえた切れ目のない一貫した支援を考慮すべきである。
- 保育所および保育士は、子育てに関する支援を担う役割と社会的位置づけが法的に明記されていることから、子どもと保護者に加え地域を視野に入れることを要求される。したがって、保育士には、保育理論および社会福祉関係の理論と技術を修得することが要件となる。

以上、保育所および保育士は子どもと保護者の支援を担い、社会的役割・機能を有する専門機関・専門職であることが理解できる。したがって、保育士には社会福祉の価値・倫理観に裏づけられた知識と技術を活用して、子どもの保育と保護者への支援に当たるという自覚が求められる。

保育所で展開される保育は、子どもと保護者・家庭・地域社会を切り離して成立することは困難である。子育て支援において子どもの最善の利益を考えるならば、それらが一体となってはじめて保障される。つまり、生活上の困難を抱える子どもを見た場合、その困難の原因を保護者・家庭はもちろん、その家庭がある地域社会も対象として、生活全体を見ながら社会関係の調整を図らなければならない。そのために、子育て支援には保育所および保育士だけでなく、さまざまな関係機関との連携した取り組みが必要となる。

③ 保育所保育指針にみる子育て支援

保育所保育士に「保護者への子育て支援」の必要性が謳われたのは、2008（平成20）年に改定された「保育所保育指針」の第6章に「保護者に対する支援」が新設されたことが契機となる。保護者の子育てニーズと保護者が抱える子育ての課題（問題）が時代とともに変化するなか、それに対応すべく保護者への丁寧なかかわりが保育所に求められるようになった。さらに、地域の社会資源を子育て支援に活用していくことや関連機関と連携・協働するための体制づくりも求められてきた。

その後、2017（平成29）年3月に改定・告示された「保育所保育指針」でも「第4章 子育て支援」へと改題して、2008（平成20）年の保育所保育指

針と同様に、保育所利用の子どもと保護者（家庭）への支援および地域で子育てをする保護者への支援に関する基本事項を定めた。もちろん、理念・内容は2008（平成20）年・2017（平成29）年の「保育所保育指針」ともに大きく変わらない。日常的な保育だけにとどまらず、前出の「指導」という概念に基づく保育の一つとして、保護者が子育てに喜びと意義を感じられること、子どもの最善の利益のために保護者の子育て力を向上させることを念頭に、保育士が保護者にかかわり、子育てを支援していくことである。

地域で子育てをしている保護者にとっては、身近に存在する保育所は子育ての第一線的専門機関として貴重な社会資源である。地域の保護者が抱える子育ての悩みや相談事など「子どもと保護者の声なき声」に気づき代弁していくことで、保育所は専門性を発揮した対応が可能となる。たとえば、民生委員（児童委員）や関係機関へつなぐ協働・連携、要保護児童対応、乳幼児全戸訪問事業、養育支援訪問事業、一時預かり事業、地域子育て支援拠点事業など、日常的に保育所と各種事業そして地域とかかわりながら、地域の子育てを支えていく社会資源として、保育所は重要な役割を有している。

子育て支援とソーシャルワーク

① ソーシャルワークとは

2018（平成30）年2月に公表された「保育所保育指針解説」には、子育て支援を行うためにソーシャルワークを援用することが有効となるケースもあることから、保育士がソーシャルワークの基本的な知識・技術などについて理解を深めたうえで、保護者への情報提供や関係機関と連携・協働することが求められている。その際に保育士が担う相談・助言（指導）は子育て支援の基礎となる。保育所や保育士はソーシャルワークの専門機関や専門職ではないが、保護者にとって最も身近な社会福祉施設であり専門職である以上、状況に応じてソーシャルワークの一端を担うことが期待されている。

ソーシャルワークは通常、生活に問題や課題を抱えている人（相談者）がソーシャルワーカーと支援関係を結ぶことによって実施される。そして、ソーシャルワーカーは支援を展開するにあたり、生活上のさまざまな問題や課題を解決、または改善し、さらに相談者の生きる力・意味、存在の喜び・実感の回復につなげていくことをめざす。つまり、ソーシャルワークとは「ソーシャル（社会関係のなかで）ワーク（援助・介入）するということ」[3]で

あり、相談者自身が主体であることに主眼を置き、相談者とその環境の間にある複雑な相互作用に焦点を当て、問題に介入し働きかけながら相談者を安定した暮らしへと導いていくのである。

② 「ソーシャルワーカーの倫理綱領」と子育て支援

　ソーシャルワークを実践していくうえでの依りどころとなる考え方が「ソーシャルワーカーの倫理綱領」である。これは、ソーシャルワークを実践する専門職団体（社会福祉士や精神保健福祉士など）が共同で定め公表している。倫理綱領にはソーシャルワークを実践する際に大切にすべきこと（価値）が明文化されており、さまざまな判断や行動の基準となるものである。

　まず「ソーシャルワーカーの倫理綱領」の前文において、ソーシャルワーカーは「すべての人が人間としての尊厳を有し、価値ある存在であり、平等である」ことを深く認識し、「平和を擁護し、社会正義の原理に則り、（中略）サービス利用者の自己実現をめざす専門職である」と明言している。そのうえで、同倫理綱領の「価値と原則」の「Ⅰ．人間の尊厳」において、すべての人間を「かけがえのない存在」としてとらえ、人間であることの本質に価値を置くとらえ方を謳っている。これは、人間の存在そのものに価値を見出し、その価値は、なにものにも侵害されることはないという絶対的・根源的な認識に基づく人間観である。人間に対する絶対的価値観が人間の「尊厳」「人権尊重」「平等性」という普遍的な概念の基盤となり、「人間としての尊厳の重視」という基本原理へと導いていく。

　これらの観点は、「全国保育士会倫理綱領[*1]」に謳われている「子どもを支える・保護者を支える・子育てにやさしい社会をつくる」という理念にも引き継がれている。すべての子どもの最善の利益を前提とした場合、「ソーシャルワーカーの倫理綱領」にあるような人間観は保育実践にも必要となる。子どもと保護者にとっての幸せを考えるならば、保育の場における保育者の人間観が子どもや保護者に伝わり、彼らに影響を及ぼすだろう。

　保育は養護と教育の一体化という枠組みのなかにありつつ、保育者は子どもと保護者に寄り添い、喜びも悲しみも分かつことのできる限られた第三者（最も身近な専門職）である。その立場から、地域社会も含めた全体を見すえた子育て支援を実践していく必要がある。

*1 全国保育士倫理綱領について、詳しくは第3章（p.43）を参照。

ソーシャルワーカーの倫理綱領（前文）

われわれソーシャルワーカーは、すべての人が人間としての尊厳を有し、価値ある存在であり、平等であることを深く認識する。われわれは平和を擁護し、人権と社会正義の原理に則り、サービス利用者本位の質の高い福祉サービスの開発と提供に努めることによって、社会福祉の推進とサービス利用者の自己実現をめざす専門職であることを言明する。

われわれは、社会の進展に伴う社会変動が、ともすれば環境破壊及び人間疎外をもたらすことに着目する時、この専門職がこれからの福祉社会にとって不可欠の制度であることを自覚するとともに、専門職ソーシャルワーカーの職責についての一般社会及び市民の理解を深め、その啓発に努める。

われわれは、われわれの加盟する国際ソーシャルワーカー連盟が採択した、次の「ソーシャルワークの定義」(2000年7月)を、ソーシャルワーク実践に適用され得るものとして認識し、その実践の拠り所とする。

ソーシャルワークの定義

ソーシャルワーク専門職は、人間の福利（ウェルビーイング）の増進を目指して、社会の変革を進め、人間関係における問題解決を図り、人々のエンパワーメントと解放を促していく。ソーシャルワークは、人間の行動と社会システムに関する理論を利用して、人びとがその環境と相互に影響し合う接点に介入する。人権と社会正義の原理は、ソーシャルワークの拠り所とする基盤である。

われわれは、ソーシャルワークの知識、技術の専門性と倫理性の維持、向上が専門職の職責であるだけでなく、サービス利用者は勿論、社会全体の利益に密接に関連していることを認識し、本綱領を制定してこれを遵守することを誓約する者により、専門職団体を組織する。

第1章　保育と子育て支援

3 保育士として子育て支援にかかわるために

① 援助と支援をどうとらえるか

　保育者が、ソーシャルワーク理論を援用しつつ子育て支援を担うことの意味については先述した。さて、ここで確認したいのは、社会福祉分野において「援助」と「支援」という用語が特に明確な使い分けや定義づけをされているわけではなく、ほぼ同義語で使用されていることが多いことである。子育て「援助」ではなく「支援」としていることからもわかる通り、それらの混同を避けるために各々の概念を整理してみたい。

　秋山智久は、社会福祉の領域において「活動」「実践」「援助」といった用語が混然化した状態で使用され、それらの関係性は不明なままであるという点を指摘し、概念整理を行っている[4]。

　「活動」は、民生委員やボランティア活動のような一般人、つまり専門職ではない人々を含めた非専門的行動が含まれる最も広義な枠組みとしてとらえられている。

　次に「実践」は、「援助」およびその枠を超えた内容を含んでいる。「活動」と比較して専門的性質はより高くなり、利用者への直接的なかかわり、利用者への全体的計画、施設長の運営管理、行政による福祉計画、社会福祉協議会による住民の組織化、社会資源との連携、アドボカシー、ソーシャルアクション等の社会福祉関係者の専門的行為として中位に位置づけた枠組みである。

　最後に「援助」は、ソーシャルワーカーが行う利用者への面接・相談・助言・指導・ケアといった利用者の生活や身体に対する直接的・具体的な処遇（かかわり）など、利用者と専門職者との密接なやり取りをさし、よりコアな領域をなす枠組みである。

　この枠組みをもとに「援助」と「支援」の構造を整理してみる。「援助」を直接的具体的な当事者へのかかわりを示す行為としてとらえた場合、「支援」は援助のための計画（支援計画）、行動見本、情報提供、関係専門機関との連携、社会資源の活用等、援助の効果的成果（最善の利益）を導き出すために構築される専門性をふまえた直接的および間接的な取り組みの総体であり、「援助」を包含した枠組みと解釈することができる。

　たとえば、海でおぼれている人を直接助けることを「援助（ヘルプ）」とするならば、海でおぼれた人を助けることやおぼれたことへの適切な対応と専門機関への連携、そもそもおぼれないようにするためのシステム（計画・

図1-2 活動／実践／援助・支援／相談の概念図

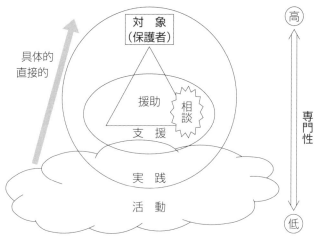

出典：著者作成

資源）づくりといった直接・間接を含んだ体系化が「支援（サポート）」であると考えられる。

したがって、「支援」の内容を具体的に示すもの、支援を構成する要素の一つに「援助」を据えることができる。「援助」を含め、「支援」も包含した専門的な取り組みを、「実践」として広義に表現できるのではないだろうか。

ここで確認すべきことは、「相談」（法的には指導）という行為である。「相談」は、利用者と社会福祉専門職者・関連機関との間で行われる行為と、社会福祉専門職機関内および機関同士の間で行われる行為の二側面を考えることができる。「相談」のもつ意味合いは、常に利用者の最善の利益を念頭に置いた言語的・心理的な活動であり、それは援助の場面のみならず支援（実践）の場面において多用される行為でもある。したがって、「相談」は「援助」のみに結びつけられる概念ではなく、「支援」を行っていくうえでも常用される行為である（図1-2）。なお、ここでいう「相談」とは、日常生活のなかで友人や家族などにする（などがする）相談をさすものではない。

以上の枠組みから、子育てについての取り組みを子ども・保護者・地域などに直接的・間接的にかかわっていく行為として考えた場合、「子育て援助」よりも「子育て支援」という用法が適しているということが理解できる。

② 保育所保育士としての子育て支援のあり方

保育現場において、ソーシャルワークを援用した対応が求められる場面が多々見受けられるようになってきたことから、保育所保育士の役割と業務（専

門性）は高度化・複雑化している。保護者に寄り添い、子育ての楽しさ・しんどさなどを共感できる最も身近な子育てに関する専門職が保育士であることに異論はないであろう。保護者にとって最も身近な存在である保育士の最も重要な業務は、保育所を利用している保護者に替わり子どもを保育することにある。それは保護者の立場を優先しているようにとらえられがちだが、子どもの最善の利益の保障を通して、保護者の子育てを支援するという立ち位置でなければならない。つまり、保育という行為が子どもを通して保護者に向かう、という認識の確立である。

保育士は日常的に可能な範囲でソーシャルワークの理論を援用しつつ、保護者の声なき声に耳を傾け、適切な応答と情報提供、職場の連携および関係機関や社会資源との協働・連携を機能的かつ有機的に子育て支援に取り組んでいく。しかし、保護者を支えていくという役割にとらわれすぎて、子どもと保護者（家庭）への対応を保育所がワンストップで解決しようと考えてはならない。なぜなら、保育所が、日常の保育業務と並行して保護者の子育て支援を丸抱えすることは物理的に不可能である。したがって、保育士が業務上可能となるのは、子育て支援としての「窓口的」役割であろう。

つまり、保育所保育士が担う子育て支援は、関係法規や「保育所保育指針」などに基づき、ソーシャルワーク理論を援用しつつも、その限界を理解した対応とすべきである。この点を認識して、子どもの育ちへの支援、保護者の子育て支援、子育てしやすい社会構築へのアクションへのかかわりが求められる。限界を理解していることこそが、専門職の専門性たるゆえんである。

❸ 子育て支援と子ども家庭支援

子ども・子育て支援法において、子ども・子育て支援とは「全ての子どもの健やかな成長のために適切な環境が等しく確保されるよう国・地方公共団体又は地域の子育て支援を行う者が実施する子どもと保護者に対する支援をいう」との定義がある。つまり、子育てに関する第一義的責任、第二義的責任の観点から子育てを担うために、子ども・保護者・家庭・地域・社会を含めた広がりのある子育てへの関与といえる。

「子育て支援」の類似語に「子ども家庭支援」がある。子ども家庭支援については、児童福祉法の「国及び地方公共団体は、児童が家庭において心身ともに健やかに養育されるよう、児童の保護者を支援しなければならない」（第3条の2）という理念に則り、厚生労働省「市町村子ども家庭支援指針（ガイドライン）」において、「市町村は、子どもに関する各般の問題につき、家

庭その他からの相談に応じ、子どもが有する問題又は子どもの真のニーズ、子どもの置かれた環境の状況等を的確に捉え、個々の子どもや家庭に最も効果的な支援を行い、もって子どもの福祉を図るとともに、その権利を擁護すること」[5]と定義している。つまり、子ども家庭支援は、関係専門機関などが、子どもと保護者・家庭からの子育てに関するニーズに応じて効果的なサービスを提供する取り組みととらえることができる。

このように、両者は似て非なるとらえ方ができるであろう。いずれにしても、子育て支援にあたっては、保育所および保育士にはソーシャルワークの知識・技術などについて理解を深め、子どもと保護者のおかれた状況を把握したうえで、適切に対応できるよう関係機関との連携・協働が可能となる体制づくりが求められる。そして、子どもの最善の利益のために、子どもと保護者・家庭、地域を視野に入れた支援はこれからも期待されていくのである。

まとめてみよう

①子育て支援の意義や役割についてまとめてみよう。
②「援助・支援・相談」についてそれぞれの意味をまとめてみよう。
③保育士が子育て支援（保護者への支援）を行うにあたって、重要な視点についてまとめてみよう。

【引用文献】
1）柏女霊峰・橋本真紀『保育者の保護者支援』フレーベル館　2010年　p.80
2）山縣文治「子ども家庭福祉とソーシャルワーク」『ソーシャルワーク学会誌』第21号　2011年　p.11
3）村田久行「ソーシャルワークの人間観」『ソーシャルワーク研究』Vol.36-4　144　2011年　p.36
4）秋山智久『社会福祉実践論』ミネルヴァ書房　2000年　pp.10-12
5）厚生労働省「市町村子ども家庭支援指針」（ガイドライン）について」2017年　p.6

【参考文献】
厚生労働省雇用均等・児童家庭局長「「市町村子ども家庭支援指針」（ガイドライン）について」2017年
岩間伸之・白澤政和ほか『ソーシャルワークの理論と方法』ミネルヴァ書房　2010年
柏女霊峰・橋本真紀『保育者の保護者支援』フレーベル館　2010年
鶴宏史『保育ソーシャルワーク論』あいり出版　2009年
岡本民夫・小田兼三編著『社会福祉援助技術総論』ミネルヴァ書房　1990年
岡村重夫『社会福祉原論』全国社会福祉協議会　1983年

第2章　子どもの権利と子育て支援

トシ先生　子育て支援の目的は、保育所などを利用する保護者の問題や課題に対する支援ですが、その基本的な考え方の中に「子どもの最善の利益を考慮し、子どもの福祉を重視すること」がありましたね。

みらいさん　子どもの最善の利益を考えて、保護者の抱える問題などに対して支援するということですね。でも、子どもの最善の利益を考えるって、どういうことなのでしょう？

トシ先生　保育者に求められる役割の中に、子どもの権利を保障していくことがあります。子どもは、自分の気持ちをうまく伝えられなかったり、自分がどうして欲しいかということすらわからなかったりしますので、保育者には、子どもの気持ちを代弁したり、子どもの権利をまもる取り組みが求められるのです。

みらいさん　子どもの気持ちをくみ取って、それを保護者への支援に反映していくということですか？

トシ先生　そうです。たとえば、子育て支援を実践する中で、保護者の希望や意見・行為が子どもの健康や発達を脅かしたり、子どもの福祉に反するような事態を招く恐れがあれば、保育者は、まずは子どもの利益を優先にして対応するということです。

みらいさん　なかなか難しそうですね。もちろん、子どもの気持ちを考えて対応する大切さはわかります。ただ、保護者に対してうまくそのことを伝えられるかどうか…。

トシ先生　そのためにも、保育者が子どもの権利やアドボカシーについてしっかり学び、心に刻んでおく必要があるのではないでしょうか。

みらいさん　そうでした。保育者が子どもに一番近い専門職なのですから、子どものことを一番に考えて行動できるようにならなければなりませんね。

トシ先生　では、子どもの権利と子どもの最善の利益を図るための子育て支援について学んでいきましょう。

子どもの権利を守る取り組み（権利擁護）

① 子どもの権利条約と権利擁護

▼最善の利益の尊重

　児童の権利に関する条約（以下、「子どもの権利条約」という）では、第3条において「児童の最善の利益」が明示されている。

児童の権利に関する条約
第3条（児童に対する措置の原則）
1　児童に関するすべての措置をとるに当たっては、公的若しくは私的な社会福祉施設、裁判所、行政当局又は立法機関のいずれによって行われるものであっても、児童の最善の利益が主として考慮されるものとする。
2　締約国は、児童の父母、法定保護者又は児童について法的に責任を有する他の者の権利及び義務を考慮に入れて、児童の福祉に必要な保護及び養護を確保することを約束し、このため、すべての適当な立法上及び行政上の措置をとる。
3　締約国は、児童の養護又は保護のための施設、役務の提供及び設備が、特に安全及び健康の分野に関し並びにこれらの職員の数及び適格性並びに適正な監督に関し権限のある当局の設定した基準に適合することを確保する。

　第9条「父母からの分離についての手続き及び児童が父母との接触を維持する権利」、第18条「児童の養育及び発達についての父母の責任と国の援助」、第20条「家庭環境を奪われた児童等に対する保護及び援助」、第21条「養子縁組に際しての保護」、第37条「拷問等の禁止、自由を奪われた児童の取扱い」、第40条「刑法を犯したと申し立てられた児童等の保護」にも「児童の最善の利益」が示されており、子どもの権利条約の基本原則となっている。
　子どもの権利を守るということは、子どもが要求するすべてのことを受け入れることではない。子どもには心身ともに健やかに育成される権利があり、また基本的生活習慣や社会常識など適切に指導される権利もある[*1]。子ども一人ひとりに関係するすべてのことについて、その子どもにとって何が一番よいのか、何が子どもの「最善の利益」であるのかを常に考えていかなければならないのである。

＊1
子どもの権利条約では、次の権利を4つの柱としている。①生きる権利（第26条）、②育つ権利（第23条・第28条）、③守られる権利（第18条・第19条）、④参加する権利（第12条・第13条）。

第2章　子どもの権利と子育て支援

▼意見表明の機会の確保

　子どもの能動的な権利として「意見表明権」がある。子どもの権利条約第12条では、子どもが自由に自己の意見を表明する自己表明権を明記しており、子どもが自己に影響を及ぼすすべての事柄について、自由に意見を述べる権利を保障している。また、それは年齢や成熟状況に応じて考慮されるとしている。

　このような子どもの意見表明権を保障することは、子どもの最善の利益の確保につながるものである。

児童の権利に関する条約
第12条（意見を表明する権利）
1　締約国は、自己の意見を形成する能力のある児童がその児童に影響を及ぼすすべての事項について自由に自己の意見を表明する権利を確保する。この場合において、児童の意見は、その児童の年齢及び成熟度に従って相応に考慮されるものとする。
2　このため、児童は、特に、自己に影響を及ぼすあらゆる司法上及び行政上の手続において、国内法の手続規則に合致する方法により直接に又は代理人若しくは適当な団体を通じて聴取される機会を与えられる。

▼アドボカシー

　アドボカシーとは、弁護、代弁、権利擁護と訳され、弱い立場にある子ど

もの権利を守る重要な機能である。

　子どもは、大人のように自分の権利を主張できなかったり、権利が侵害されたとしてもそれに対抗する術を知らなかったりと、自分の力だけで権利を守っていくことは難しい。身近にいる大人が子どもの権利を代弁したり、子どもに代わってその権利を守っていくことが必要である。

　子どもの権利を守る役割はその家族が担っている場合が多いが、社会的養護の対象となる子どもの場合は、児童福祉施設の職員（保育士）などがその役割を担わなければならない。

　また、アドボカシーには、社会変革をめざすソーシャルアクションの意味もあり、たとえばユニセフが行っているような子どもの利益を守るための権利擁護活動もその一つである。「制度が悪い」「施設が悪い」というだけでは何も解決しないため、現場で困っていることについて意見を述べたり、さらには政策提言したりすることもアドボカシーなのである。

② 子どもの権利擁護の実際

▼保育所における子どもの権利を守る取り組み

　全国保育士会では、「人権擁護のためのセルフチェックリスト」を作成している[1]。このチェックリストは、保育者が保育を行ううえで重要な「子どもを尊重する」ことや「子どもの人権擁護」について意識を高め、保育の振り返りを行うことを目的としており、意識をせずに「子どもを置き去りにした保育」や「保育者の都合で進める保育」を行っていないかを自己点検できるようになっている。

　このチェックリストには、子どもの権利条約と「保育所保育指針」、「幼保連携型認定こども園教育・保育要領」をもとに、よくないと考えられるかかわりとして次の5つのカテゴリーに分けて、保育場面での具体的な事例をあげ、それに対応したよりよいかかわりへのポイントを示している。

　① 子ども一人ひとりの人格を尊重しないかかわり
　② 物事を強要するようなかかわり・脅迫的な言葉かけ
　③ 罰を与える・乱暴なかかわり
　④ 一人ひとりの子どもの育ちや家庭環境を考慮しないかかわり
　⑤ 差別的なかかわり

　表2-1は、保護者に対する子育て支援にかかわるチェックリストの一部である。

第2章 子どもの権利と子育て支援

表2-1 人権擁護のためのセルフチェックリスト
①子ども一人ひとりの人格を尊重しないかかわり

No.	一日の流れ	「よくない」と考えられるかかわり	よりよいかかわりへのポイント
8	降園時	お迎えに来た保護者に「A君は、今日はけんかをしてお友だちを泣かせてしまいました」と、他の保護者にも聞こえるように言う。	子どもの自尊心を傷つける行為です。また、保護者が気まずい思いをしないよう、配慮が必要です。トラブルや困りごとを成長段階としてとらえ、親子にとって、相手の気持ちを理解することや、物事の良し悪しを学ぶ機会となるようにしましょう。

④一人ひとりの子どもの育ちや家庭環境を考慮しないかかわり

No.	一日の流れ	「よくない」と考えられるかかわり	よりよいかかわりへのポイント
1	降園時	いつも時間ぎりぎりのお迎えになる子どもに対して、「○○ちゃんのお母さん、今日も遅いね」と言う。	子どもは口には出さなくても、最後のお迎えになることを耐えている場合が多くあります。「大丈夫だよ、先生と一緒に待っていようね」など、子どもの気持ちに寄り添った、温かい言葉かけをしましょう。

出典：山縣文治監修・全国保育士会編『保育所・認定こども園等における人権擁護のためのセルフチェックリスト―「子どもを尊重する保育」のために―』2018年　p.4・p.7を一部改変

▼懲戒にかかる権限の濫用禁止

　近年、児童福祉施設職員による体罰や不適切なかかわりなど、子どもの権利を侵害する事件の報道が目につく。家族等に代わって子どもの権利を擁護すべき立場である職員自らが権利侵害を行うということは許されることではない。児童虐待防止法の第14条1項には、「児童の親権を行う者は、……監護及び教育に必要な範囲を超えて当該児童を懲戒[*2]してはなら」ないと定められている。

　また、1998（平成10）年に児童福祉施設最低基準（現：児童福祉施設の設備及び運営に関する基準）が改正され、第9条の3に「懲戒に係る権限の濫用禁止」の規定が定められた。民法の第822条にも懲戒権が定められているが、ここでも「監護及び教育に必要な範囲内で」懲戒できるとされている[*3]。

*2　懲戒
懲戒とは、何度も注意しても不適切な行動が改まらない場合などに、親権者が子に対して教育（しつけ）目的で身体等に苦痛を加えることをいう。

*3
なお、民法第822条の親権者の懲戒権については、現在、児童虐待防止の観点から見直しが検討されている。

> 児童福祉施設の設備及び運営に関する基準
> 第9条の3（懲戒に係る権限の濫用禁止）
> 　児童福祉施設の長は、入所中の児童等（法第33条の7に規定する児童等をいう。以下この条において同じ。）に対し法第47条第1項本文の規定により親権を行う場合であつて懲戒するとき又は同条第3項の規定により懲戒に関しその児童等の福祉のために必要な措置を採るときは、身体的苦

> 痛を与え、人格を辱める等その権限を濫用してはならない。

　児童福祉法では、「被措置児童等虐待の防止」が規定され、児童福祉施設職員等による入所児童等に対する虐待の禁止も明文化されている（第33条の10～17）。

▼苦情解決制度

　社会福祉法第82条（社会福祉事業の経営者による苦情の解決）や第83～86条（運営適正化委員会による苦情解決等）の規定を受けて、児童福祉施設の設備及び運営に関する基準第14条の3では、苦情への対応が義務づけられている。

児童福祉施設の設備及び運営に関する基準
第14条の３（苦情への対応）
　児童福祉施設は、その行つた援助に関する入所している者又はその保護者等からの苦情に迅速かつ適切に対応するために、苦情を受け付けるための窓口を設置する等の必要な措置を講じなければならない。

　子どもからの苦情については、施設内で解決することが望ましいが、それが子ども自身にとって納得できず、施設内では解決できない場合は、施設外の第三者の援助を得て解決されるようになっている。

▼評　価

　社会福祉法第78条では、福祉サービスの質の評価を行うことにより、福祉サービスの質の向上に努めることが求められている。

社会福祉法
第78条（福祉サービスの質の向上のための措置等）
　社会福祉事業の経営者は、自らその提供する福祉サービスの質の評価を行うことその他の措置を講ずることにより、常に福祉サービスを受ける者の立場に立つて良質かつ適切な福祉サービスを提供するよう努めなければならない。
２　国は、社会福祉事業の経営者が行う福祉サービスの質の向上のための措置を援助するために、福祉サービスの質の公正かつ適切な評価の実施に資

するための措置を講ずるよう努めなければならない。

評価には、自己評価と第三者評価があるが、どちらも福祉サービスの質の向上のためには必要なことである。自己評価は施設が独自に行うもので、職員一人ひとりが、さらには施設が自己改善していくために定期的に実施されることが必要である。また第三者評価は、施設のサービスの状況を客観的に知るうえで重要であり、それによって、施設はサービスの質の向上のため何を行えばよいのかを知ることができる。客観的な評価として第三者評価が重要視されるが、日常的に施設内で自己評価を行って現状を客観視することにより、サービスの質の向上をめざすことが大切なのである。

子どもの最善の利益を考慮した保育

① 子どもの最善の利益を考慮した保育

▼子どもの最善の利益の意味

わが国では、1994（平成6）年の子どもの権利条約の批准を契機に、「子どもの最善の利益」や「子どもの最善の利益を考慮する」という言葉が広く用いられるようになった。それでは、このことを具体的な保育実践のなかで適切に展開していくということはどのようなことなのであろうか。

網野武博は、子どもの最善の利益を「子どもの生存、発達を最大限の範囲において確保するために、必要なニーズが最優先されること」と定義している[2]。大人と比べて圧倒的に弱い立場にある子ども、特に乳幼児にとって、その利益が軽視され、大人の都合や利益が優先されることのないように十分に留意して保育にあたる必要がある。

▼保育所保育指針における子どもの最善の利益

「保育所保育指針」においては、第1章「総則」、第5章「職員の資質向上」において、「子どもの最善の利益を考慮」するという文言を明示している。

第1章「総則」では、「1 保育所保育に関する基本原則 (1) 保育所の役割」において、保育所が「入所する子どもの最善の利益を考慮し、その福祉を積極的に増進することに最もふさわしい生活の場でなければならない」としている[*4]。

*4
「保育所保育指針」の第1章「総則」の「1 保育所保育に関する基本原則 (1)保育所の役割」については、第1章（p.20）を参照。

> 保育所保育指針
> 第1章　総則
> 1　保育所保育に関する基本原則　(1) 保育所の役割
> ア　保育所は、児童福祉法（昭和22年法律第164号）第39条の規定に基づき、保育を必要とする子どもの保育を行い、その健全な心身の発達を図ることを目的とする児童福祉施設であり、入所する子どもの最善の利益を考慮し、その福祉を積極的に増進することに最もふさわしい生活の場でなければならない。

　このことは、保育指針の根幹を成す理念であり、子どもの最善の利益を守り、子どもを心身ともに健やかに育てる責任が保育所にあることを明らかにしている。子どもが人間として尊重され、人権や権利が重んじられるように配慮することが求められているのである。

▼保育士の倫理と子どもの最善の利益

　保育所保育指針の第5章においても、職員（保育士）が「子どもの最善の利益」を考慮することについて明記されている。

> 保育所保育指針
> 第5章　職員の資質向上
> 1　職員の資質向上に関する基本的事項
> (1) 保育所職員に求められる専門性
> 　子どもの最善の利益を考慮し、人権に配慮した保育を行うためには、職員一人一人の倫理観、人間性並びに保育所職員としての職務及び責任の理解と自覚が基盤となる。

　子どもの最善の利益を考慮し、人権に配慮した保育を行うためには、職員の人間観、子ども観などの総体的なものとしてあらわれる人間性や、保育所職員として自らの職務を適切に遂行していく責任に対する自覚を前提として、保育者はその言動が子どもあるいは保護者に大きな影響を与える存在であることから、特に高い倫理性をもつことが求められている。

▼保育士の倫理綱領

　全国保育士会では、2003（平成15）年の児童福祉法の改正にともない、保育士資格が法定化（いわゆる国家資格化）された際に、「全国保育士会倫理

綱領」を定めている[*2]。この倫理綱領においても、第1条で、「子どもの最善の利益の尊重」を掲げている。

[*2] 全国保育士会倫理綱領については、第3章（p.43）を参照。

> 全国保育士会倫理綱領
> 1．私たちは、一人ひとりの子どもの最善の利益を第一に考え、保育を通してその福祉を積極的に増進するよう努めます。

倫理綱領は前文と8条から構成されており、子どもの最善の利益や発達保障をその根幹に据えつつ、保護者に対する子育て支援を行うことを保育士の重要な責務としているのである。

② 子どもの最善の利益と子育て支援

▼子どもの保育と子育て支援

児童福祉法第18条の4（保育士の定義）に示されているように、保育士の重要な専門性の一つは子どもの保育であり、もう一つは子どもの保護者に対する保育に関する指導（子育て支援）である。

子育て支援について記載している「保育所保育指針」第4章においても、「子どもの最善の利益」を考慮することが求められている。そして、保育所保育指針解説のなかで、下記のとおり説明されている。

> 保育所保育指針解説
> 第4章　子育て支援
> 【保育所における保護者に対する子育て支援の原則】
> 　保育所における保護者に対する子育て支援は、子どもの最善の利益を念頭に置きながら、保育と密接に関連して展開されるところに特徴があることを理解して行う必要がある。

保育にあたっては、保護者や保育者といった大人の利益や都合が優先されていないかどうかを常に考慮し、自ら主張する能力を十分にもつことのできない子どもの利益が損なわれることのないよう配慮することが重要である。

> 保育所保育指針解説
> 第4章　子育て支援
> 2　保育所を利用している保護者に対する子育て支援
> (1)　保護者との相互理解
> 　保育所保育が、保護者との緊密な連携の下で行われることは、子どもの最善の利益を考慮し、子どもの福祉を重視した保護者支援を進める上で極めて重要である。

　子どもの最善の利益を考慮した子育て支援は、保育所保育が保護者との緊密な連携のもとに行われることが重要である。実際に保護者から保育に関する相談を受け、支援・援助を行う際には、保護者の要望・要求に応えるために、子どもの最善の利益を必ずしも優先させているとはいえない状況が起こる可能性もあることから、この点についても十分な配慮が必要である。

> 保育所保育指針解説
> 第4章　子育て支援
> 2　保育所を利用している保護者に対する子育て支援
> (3)　不適切な養育等が疑われる家庭への支援
> 【不適切な養育等が疑われた場合】
> 　保護者に不適切な養育等や虐待が疑われる場合には、保育所と保護者との間で子育てに関する意向や気持ちにずれや対立が生じうる恐れがあることに留意し、日頃から保護者との接触を十分に行い、保護者と子どもの関係に気を配り、市町村をはじめとした関係機関との連携の下に、子どもの最善の利益を重視して支援を行うことが大切である。

　また、保護者に不適切な養育等や虐待が疑われる場合においても、子どもの最善の利益を重視して支援を行うことの重要性が示されている。
▼子どもの最善の利益を考慮する内容
　2008（平成20）年改定の「保育所保育指針解説書」第6章では、イギリスの児童法（1989年）第1条第3項の「子の福祉」の判断基準を参考に、子育て支援にあたり子どもの最善の利益を考慮する内容を5項目あげていた。

> - 子どもの年齢、性別、背景その他の特徴
> - 子どもの確かめ得る意見と感情
> - 子どもの身体的、心理的、教育的及び社会的ニーズ
> - 保護者支援のために子どもに対してとられた決定の結果、子どもを支援することとなる者（保護者や保育士等の専門職など）が、子どものニーズを満たすことのできる可能性
> - 保護者に対してとられた支援の結果、子どもの状況の変化が子どもに及ぼす影響

　前者の3項目は、保育所の決定、保育所における保育、保育所における保護者支援のすべてにわたって考慮すべき事項であり、後者の2項目は、特に子育て支援において、子どもの最善の利益を考慮する際の重要な事項である。

▼子どもの最善の利益を考慮する4段階

　網野は、子どもの最善の利益を考慮した保育や子育て支援を行うにあたり、子どもの受動的権利保障のウエイトが高い段階から、次第に能動的権利保障のウエイトが高まる段階へ、4つの段階をふまえる必要があるとしている[2]。

> ① 子どもの命や健康、成長・発達が脅かされることのないように考慮する
> ② 子どもへの差別、偏見、蔑視がなされないように考慮する
> ③ 子どもの思い、願いを無視、軽視することのないように考慮する
> ④ 子どもの意見を確かめるように配慮する

　子どもの最善の利益を考慮した保育や子育て支援は、まずなによりも子どものためになされるという基本姿勢を忘れずに、そのことの重要性を強く認識していくことが必要なのである。

まとめてみよう

① 「子どもの権利条約」について、「子どもの最善の利益（第3条）」と「意見表明権（第12条）」を中心にまとめてみよう。
② 保育現場において「子どもの権利」を配慮していないと考えられる具体的なかかわりをあげ、どのようにかかわればよいのか考えてみよう。
③ 「子どもの最善の利益」を考慮して保育を行う際にはどのようなことに配慮したらよいか「保育所保育指針」を参考にまとめてみよう。

【引用文献】
1）山縣文治監修・全国保育士会編『保育所・認定こども園等における人権擁護のためのセルフチェックリスト―「子どもを尊重する保育」のために―』全国保育士会　2018年
2）網野武博『児童福祉学―〈子ども主体〉への学際的アプローチ―』中央法規出版　2002年　p.80
3）新・保育士養成講座編纂委員会編『新・保育士養成講座第10巻　家庭支援論―家庭支援と保育相談支援―』全国社会福祉協議会　2011年　p.148-149

【参考文献】
大場幸夫・網野武博・増田まゆみ編『〔平成20年改定〕保育所保育指針解説　保育を創る8つのキーワード』フレーベル館　2008年
伊達悦子・辰巳隆編『保育士をめざす人の社会的養護』みらい　2012年
橋本好市・宮田徹編『学ぶ・わかる・みえる　シリーズ保育と現代社会　保育と社会福祉［第2版］』みらい　2015年
櫻井奈津子編『学ぶ・わかる・みえる　シリーズ保育と現代社会　保育と児童家庭福祉』みらい　2012年
橋本好市・原田旬哉編『学ぶ・わかる・みえる　シリーズ保育と現代社会　演習・保育と社会的養護内容』みらい　2014年
松本園子・堀口美智子・森和子『子どもと家庭の福祉を学ぶ』ななみ書房　2013年
吉田眞理『児童の福祉を支える児童家庭福祉』萌文書林　2010年
石川昭義・小原敏郎編『保育者のためのキャリア形成論』建帛社　2015年

第3章　保育の専門性と子育て支援

トシ先生　子育て支援が保育者に求められる役割の一つであることは理解できましたね。

みらいさん　保育所に通う子どもだけでなく、保護者に対する支援が保育者には期待されているんですね。でも、実際に保護者の相談に乗ったり、アドバイスなんてできるのか不安です。

トシ先生　そうだね。保育者をめざして学んでいる人の多くは、まだ学生で、実際の社会経験、ましてや子育ての経験がある人はほとんどいませんからね。

みらいさん　私も、つい最近高校を卒業したばかりという感覚です。そんな私が、自分より年上の方にアドバイスなんて…。

トシ先生　もちろん、きちんと保護者の相談に乗ったり、臨機応変にアドバイスできるようになるためには、ある程度経験を重ねていくことが必要です。そして、保育者として現場に立っても、自分から研修会や研究会に参加して学び、専門職として成長していく努力が求められます。

みらいさん　卒業して、保育者の資格を得て、現場に立ったところがスタートラインということですね。

トシ先生　さすが、みらいさん！　それは大事な気づきですね。

みらいさん　はい！　私は、子どもからも保護者からも信頼される保育者をめざしたいんです！

トシ先生　その勢いです。ここでは、みなさんが保育者として現場に立つ前に理解しておきたい、子育て支援に求められる保育者の専門性や態度、知識、技術と子育て支援の基本的な枠組みについて学んでいきましょう。

保育者に求められる専門性

① 保育者に求められる倫理

▼保育者としての倫理の必要性

　ここでいう「倫理」とはどのような意味をもつのだろうか。一般的に「倫理」とは、「人として守るべき道。道徳。モラル」（大辞林［第三版］）[*1]としてとらえられる。保育者に高い倫理観が求められるのは、保育者が日々のかかわりを通して子どもや保護者に大きな影響を与える存在であることにほかならない。すなわち、高い倫理観に裏づけられた知識や技術および人間性があって初めて、保育者が行う子どもや保護者に対する援助や支援は意味をもつといえるのである。

　保育士の職務に関して「保育所保育指針」では、「保育所における保育士は、児童福祉法第18条の4[*2]の規定を踏まえ、保育所の役割及び機能が適切に発揮されるように、倫理観に裏付けられた専門的知識、技術及び判断をもって、子どもを保育するとともに、子どもの保護者に対する保育に関する指導を行うものであり、その職責を遂行するための専門性の向上に絶えず努めなければならない」（第1章総則）と明記されている[*3]。このことからも保育者は、高い倫理観に裏づけられた専門的知識や技術をもって、子どもの保育とともに子育て支援に取り組むことが求められていることがわかる。さらにいうと、保育者に求められる倫理観とは一朝一夕に身につくものではない。日々の子どもや保護者とのかかわりを通して、学び続ける中で身につくものといえるのである。

▼保育者に求められる倫理の内容

　保育者に求められる倫理観の具体的な内容については、第2章でもふれたように、保育士の専門職団体である全国保育士会が2003（平成15）年に定めた「全国保育士会倫理綱領」が参考になる（表3-1）。この倫理綱領[*4]では、保育者に求められる子どもの最善の利益の尊重を基本とする保育観や保育に向かう基本姿勢が示されている。また、保育者は保護者と協力しつつ子育てを支えること、プライバシーを保護すること、地域の子育て支援に取り組むことなど、子育て支援に関連する保育者の行動指針が示されている。

[*1] 松村明（編集）『大辞林［第3版］』三省堂　2006年

[*2] 児童福祉法第18条の4では、「保育士の名称を用いて、専門的知識及び技術をもつて、児童の保育及び児童の保護者に対する保育に関する指導を行うことを業とする者をいう」と保育士の職務が明記されている。

[*3] 第1章（p.20）も参照のこと。

[*4] 倫理綱領
これら専門職団体が定める倫理綱領は、関係する専門職として活動するうえでの決まりごとや基準とすべきこと（専門職倫理）を実際に文章化したものである。当該専門職間で共有しなければならない行動上のきまり・基準に関する自らの宣言、いわば「専門職としての誓い」のことをさす。

表3-1　全国保育士会倫理綱領

全国保育士会倫理綱領

　すべての子どもは、豊かな愛情のなかで心身ともに健やかに育てられ、自ら伸びていく無限の可能性を持っています。
　私たちは、子どもが現在(いま)を幸せに生活し、未来(あす)を生きる力を育てる保育の仕事に誇りと責任をもって、自らの人間性と専門性の向上に努め、一人ひとりの子どもを心から尊重し、次のことを行います。

　　私たちは、子どもの育ちを支えます。
　　私たちは、保護者の子育てを支えます。
　　私たちは、子どもと子育てにやさしい社会をつくります。

（子どもの最善の利益の尊重）
1．私たちは、一人ひとりの子どもの最善の利益を第一に考え、保育を通してその福祉を積極的に増進するよう努めます。

（子どもの発達保障）
2．私たちは、養護と教育が一体となった保育を通して、一人ひとりの子どもが心身ともに健康、安全で情緒の安定した生活ができる環境を用意し、生きる喜びと力を育むことを基本として、その健やかな育ちを支えます。

（保護者との協力）
3．私たちは、子どもと保護者のおかれた状況や意向を受けとめ、保護者とより良い協力関係を築きながら、子どもの育ちや子育てを支えます。

（プライバシーの保護）
4．私たちは、一人ひとりのプライバシーを保護するため、保育を通して知り得た個人の情報や秘密を守ります。

（チームワークと自己評価）
5．私たちは、職場におけるチームワークや、関係する他の専門機関との連携を大切にします。また、自らの行う保育について、常に子どもの視点に立って自己評価を行い、保育の質の向上を図ります。

（利用者の代弁）
6．私たちは、日々の保育や子育て支援の活動を通して子どものニーズを受けとめ、子どもの立場に立ってそれを代弁します。また、子育てをしているすべての保護者のニーズを受けとめ、それを代弁していくことも重要な役割と考え、行動します。

（地域の子育て支援）
7．私たちは、地域の人々や関係機関とともに子育てを支援し、そのネットワークにより、地域で子どもを育てる環境づくりに努めます。

（専門職としての責務）
8．私たちは、研修や自己研鑽を通して、常に自らの人間性と専門性の向上に努め、専門職としての責務を果たします。

　　　　　　　　　　　　　　　　　　　　社会福祉法人 全国社会福祉協議会
　　　　　　　　　　　　　　　　　　　　全国保育協議会
　　　　　　　　　　　　　　　　　　　　全国保育士会

② 子どもの保護者に対する保育に関する指導とは

　ここではまず、保育士の職務として児童福祉法に規定されている「子どもの保護者に対する保育に関する指導」とは何を意味するかを見ていきたい。「保育所保育指針解説」の説明では、「保護者が支援を求めている子育ての問題や課題に対して、保護者の気持ちを受け止めつつ行われる、子育てに関する相談、助言、行動見本の提示その他の援助業務の総体を指す。子どもの保育に関する専門性を有する保育士が、各家庭において安定した親子関係が築かれ、保護者の養育力の向上につながることをめざして、保育の専門的知識・技術を背景としながら行うものである」とされている。このように保育者が行う子育て支援は、子どもの最善の利益を念頭に置きつつ、日頃の保育と密接に関連して展開されることに特徴があるといえる。

③ 子育て支援に求められる態度・知識・技術

　表3-2に子育て支援に求められる専門性をまとめた。それは大きく3つの領域からなる。表の①から③は、著者らが保育者に行った調査から得られた保護者とかかわる際の基礎・基盤となる態度や姿勢を示している[1]。

　保育にかかわる専門性を示す④から⑦は、「保育所保育指針解説」で示されている保育に関する専門的知識・技術をもとに作成した。

　⑧から⑯は、著者らの研究（2014）[2]、柏女・橋本（2011）[3]の子育て支援技術例を参考にし、保護者に対する相談、助言、行動見本の提示などを行うための具体的な知識・技術を示したものである。

　このように子育て支援を行うには、多様な専門的知識・技術を用いることが想定される。たとえば、わが子が生まれるまで幼い子どもとほとんどかかわったことがなく養育に自信のない保護者には、保護者の思いを尊重しながらも、表3-1の「⑫かかわり方の提案」「⑭情報の提供」「⑯行動見本を示す」といった保育者からの能動的な働きかけが特に大切になるであろう。また、わが子が他児に比べて幼く、発達の遅れがあるのではないかと不安に感じ、本やインターネットなどで情報を集めている保護者には、保育者からさらなる情報を提供するよりも、まずは「⑩受容・共感」「⑪気持ちの代弁」といった保護者の気持ちに寄り添うかかわりが大切になるであろう。

　すなわち、保護者一人ひとりの状況の違いに応じた知識・技術を選択して用いることが大切であるといえる。当たり前のことだが、親子の置かれている状況や抱えている課題は一人ひとり異なり、画一的な支援ではうまくいか

ない場合が多い。さまざまな知識・技術の選択肢をもつことは、保育者がマニュアル化された画一的な支援ではなく、「いま・ここ」の状況に応じた臨機応変な支援ができることの条件の一つである。

そして図3－1に示したように、子育て支援の知識・技術は、一つひとつがバラバラに作用するのではなく、保護者との関係の中で相互に作用し連動

表3－2　子育て支援に求められる態度・知識・技術

Ⅰ 保育者としての基礎力	①親子との関係構築	保護者と笑顔であいさつや受け答えをすること、親子と一緒に遊びや活動を楽しむことができる。保護者と一緒に活動することにやりがいを感じられる。
	②保育者同士や他職種との連携	スタッフの間でかかわり方や環境構成についての相談ができ、スタッフ間で役割を分担し協力して活動を行う。
	③自ら活動を振り返り、学ぼうとする姿勢	実践の中で学ぶ姿勢をもち、自分の活動を振り返ることから気づきを得られる。振り返りから得られた自己評価や他者評価を次の活動に活かす。
Ⅱ 保育に関する知識・技術	④子どもの成長・発達の援助	子どもの発達に関する専門的知識をもとに子どもの育ちを見通し、その成長・発達を援助する。
	⑤子どもの生活の援助	子どもの発達過程や意欲をふまえ、子ども自らが食事、排泄、着脱、清潔などについて意欲的に生活していく力を育てる。
	⑥保育の環境を構成する力	園の物的環境、さまざまな遊具や素材、自然環境や人的環境を活かし、健康で安心して生活できる保育の環境を構成する。
	⑦遊びを展開する力	子どもの経験や興味・関心をふまえ、さまざまな遊びを豊かに展開していく。
Ⅲ 子育て支援に関する知識・技術	⑧観察	観察や聞き取り、これまでの記録から保護者の人柄や考え方、親子を取り巻く状況等を理解する。
	⑨課題の読み取り	保護者の抱えている課題などを読み取り、今後必要となる支援を考案する。
	⑩受容・共感	保護者の思いや気持ちを受け止めることや、子どもの成長をともに喜ぶといった気持ちになる。
	⑪気持ちの代弁	保護者の思いや気持ちを読み取り、本人や他者にそれを伝える。
	⑫かかわり方の提案	子どもへの言葉かけや接し方などの具体的なかかわり方を伝える。
	⑬保育や子ども理解を促す環境の構成	保育や子どもの理解を促す環境（たとえば、子どもの活動の様子を伝える掲示や連絡ボードの設置）を構成する
	⑭情報の提供	保護者に子育てに関する情報（たとえば、家庭での遊びやしつけの仕方、地域の子育て資源など）を提供する。
	⑮説明・解説	保育の内容や方針、園の生活の流れ、スタッフの保育の意図や目的を説明する。
	⑯行動見本を示す	実際に子どもへの言葉かけや接し方の見本を保護者の前で示す。

出典：著者作成

図3-1 子育て支援の専門性の関係サイクル

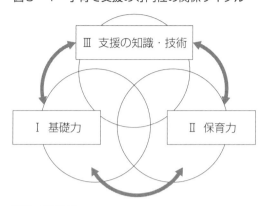

出典：著者作成

している。「親子にかかわることへのやりがいや自ら学ぼうとする姿勢（基礎力）」や「子どもの最善の利益を考える保育力」が、保護者の信頼を得ることにつながり、信頼関係を通して「子育て支援の知識・技術」が発揮されるといったサイクルが生じる。たとえば、表3-2に示した「Ⅲ 子育て支援に関する知識・技術」が未熟な新人保育者であっても、保護者と笑顔であいさつや受け答えをしたり（①親子との関係構築）、先輩保育者から学ぶこと（②保育者同士の連携）や自ら活動を振り返り次の活動につなげる姿勢（③学ぼうとする姿勢）をもち、保育に真摯に取り組んでいることが保護者によい影響を与え、保護者との信頼関係を構築することにつながると考えられる。つまり、未熟さを他の専門性で補いながら力をつけていくことができるのである。逆に、どんなにベテランの保育者であっても手を抜いた保育を行ったり、自ら学ぼうとする姿勢が乏しかったりすると、保護者の信頼は得られないのである。

④ 子育て支援の専門性を軸とした成長モデル

　子育て支援は初任者にもすぐに実施できるのであろうか。先にも述べたが日々の保育における子どもや保護者とのかかわりの中で、常に自己を振り返り（省察）、学ぼうとする姿勢をもたないと、状況に応じた臨機応変の支援を行うことは難しい。保育者として成長し続ける態度や姿勢をもつことが保育者の専門性として欠かせない。図3-2には、先に示した子育て支援の専門性の3つの領域を軸とした成長モデルを示した。

　初任者の段階では、たとえば「授乳はいつごろまでにやめさせたらいい？」

「オムツはどうやって外すの？」といった子育ての質問に対して、経験不足のために戸惑ったり、子ども同士のトラブルを保護者にどのように伝えるのか悩むなど、子育て支援の知識や技術が不足していることで難しさを感じる場合がある。実際、保育経験が1年や2年目の初任者が一人で子育て支援を担うことは難しいであろう。初任者を孤立させず、先輩保育者や主任・園長などがチームで子育て支援にあたる体制を園に構築することが必要不可欠といえる。

次の成長のステージとして、「保護者の要求の理由や背景を考える」ことや、「子どもの成長を予測し、保育の意図や目的を説明できるようになる」といったことが保育経験を積む中で期待される。子育て支援にやりがいや自信をもてるようになり、さらには、保育者自身が親となって新たなライフステージを迎え、親の気持ちがわかる立場になったり、園の中で後輩を指導し支援の際にリーダーシップを発揮する役割を担うことも考えられる。このように保育者の成長過程やライフステージの違いによって期待される役割も異なっていく。

図3－2　保育者の成長過程

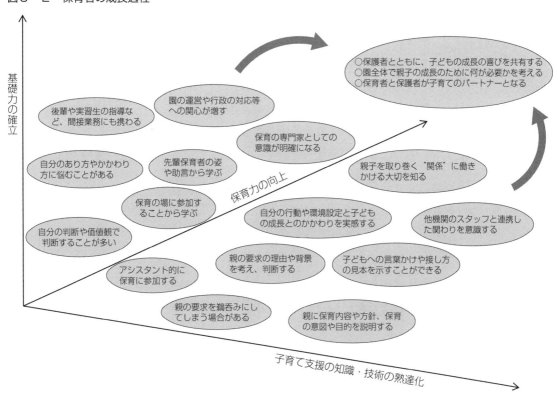

出典：著者作成

保育者として成長するためには、保育者個人が保育実践や研修などを通して専門性を高める努力をするとともに、保育者間の共通理解を図り、協働性を高めていく研修の場が欠かせない。今後の保育全体の課題として、体系的、計画的な研修体制を園全体で整えていくことが求められる。

子育て支援の構造

① 「園・保育者―子ども―保護者」の関係の違い

　ここでは、「園・保育者―子ども―保護者」という３者の関係性の仕組みを俯瞰的にとらえてみる。実際の保育の場では、これらの関係は刻々と変容していくが、以下に示したような一定の法則性を理解することで、保護者との関係を意識化したり、整理することができる。

▼Ⅰ：保護者が園・保育者と外接している段階

　園・保育者の役割は「子どもの保育」とし、保護者への支援はもっぱら園以外の社会資源が担うべきと分けて考えられている。また、保護者とのかかわりも年に数回の参観や行事（親子遠足や運動会など）などの限られた機会しかない状態である。

▼Ⅱ：保護者が園・保育者に内在している段階

　送迎時の対話などの日々のコミュニケーションや行事などにおいて保護者と園の距離が縮まり、参加の機会が増える段階といえる。保護者の思いを直接聞き取ったり、子どもの成長の姿を知らせる機会が増えるなどよい点がある一方で、園と保護者の距離が近づくことで園への過度な要望（たとえば、

図３-３　「園・保育者―子ども―保護者」の関係の違い

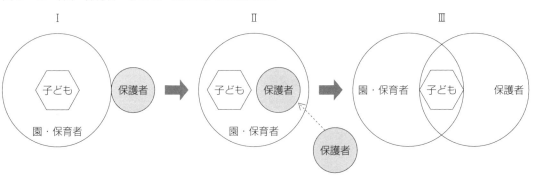

出典：著者作成

「朝は忙しいので園で朝食を出してほしい」「子どもがたたかれた相手の電話番号を教えてほしい」など）が出現することや、保護者同士の意見の相違が表面化する場合もある。園のスタッフ間で保護者への支援の方針や内容のコンセンサスが取れていないと、保護者を傷つけることや園と対立する関係になる場合もある。

▼Ⅲ：保育者と保護者・園が子育てのパートナーとなる段階

　保育者と保護者がともに子どもの成長を喜び合える子育てのパートナーとしてつながっている段階といえる。この段階では、保護者が保育アシスタントとして園の保育に継続的に参加することや、保育者が家庭の育ちを支え認めるなど、保育者と保護者がお互いを尊重し、子どもの成長の重要な役割を担い合っている。ここでも保護者と園との意見の違いがないわけではない。たとえ意見や立場の違いがあったとしても、子どもの成長を第一に考えて対話を行える場が用意されることで、違いを乗り越えることができると考えられる。

　しかし、今日の現状では、本節でいうⅠ・Ⅱの段階にある園が多いのではないだろうか。Ⅲの段階になるためには何が大切になるか。次項では、子育てのパートナーとなるために園・保育者と保護者がお互いに何をすることが求められるか、その要素について考えてみよう。

② 子育てのパートナーをめざす環境づくり

　今日の日本では、子育ては親のみが行うものであり、その責任は親が負うと考える風潮が強くなり、さまざまな課題が出現している。こうしたなか、日々子どもと長時間接し生活をともにする保育者に期待される役割は大きく、保育者と保護者のよりよい関係が、子どもの健全な育ちにつながっていくといえるのである。ここでは、子育てのパートナーとなるためにお互いができることや環境づくりをまとめてみたい。

　園・保育者としてできることは以下の通りである。

---

① 園に気軽に立ち寄れる、行事や保育体験などに参加したくなる開かれた環境をつくる。

② 連絡帳や送迎時の対話、園内の掲示といった日々のコミュニケーションを通して、保育の内容や子どもの様子を知らせる。

③ 保護者会や保護者の自主的な活動（子育てサークルなど）といった保護

者同士の交流を促す機会や場をつくる。
④ 保護者の心情をとらえながら、理解・共感に基づいて説明・助言を行う。
⑤ 保護者の養育力が向上するように、子どもとの遊び方やしつけの仕方などを助言したり、見本を示す。
⑥ 保護者が園の保育方針や内容に意見を言える機会や場をつくる。

一方、保護者も受け身の存在にならないように、保育者とともに子どもの成長を喜び合える関係になれるよう次のことを考える必要がある。

① 保育者とともにわが子に合う子育ての方法を考える。
② 家庭におけるよりよい養育環境をつくる（たとえば、親子で遊びや会話を楽しむ、子どもの興味・関心に合った遊具や絵本などを用意する）。
③ 園の参観日や行事に積極的に参加する。
④ 園の保育をボランティア（保育アシスタント）として手伝う。
⑤ 園の保育をよりよくするために保育方針や内容に関する意見を言う。

このように一方が教える、一方がそれに頼るという関係ではない対等な関係が求められるのである。その意味では、日本ではまだまだ保護者の園への参加、意見表明が少ないといえる。お互いが開かれた関係で協力し合い、それぞれの強みが最大限に発揮される真の連携が、子どもたちの育ちを支えるために必要不可欠と考えられる。

まとめてみよう

① 保育者が行う子育て支援の特徴をまとめてみよう。
② 子育て支援において保育者に求められる専門性をまとめてみよう。
③ 子育て支援の知識・技術を身につけるために何が必要かをまとめてみよう。
④ 保育者と保護者が子育てのパートナーとなるためにお互いができることをまとめてみよう。

【引用文献】

1）橘知里・小原敏郎「保育者の子育て支援力の養成に関する研究─養成段階からの学びの連続性に着目して─」『日本家政学会誌』第65巻8号　2014年　pp.415-422
2）同上書
3）柏女霊峰・橋本真紀編『新・プリマーズ保育　保育相談支援』ミネルヴァ書房　2011年　p.55

【参考文献】

石川昭義・小原敏郎編『保育者のためのキャリア形成論』建帛社　2015年

小原敏郎・神蔵幸子・義永睦子編『保育・教職実践演習─保育者に求められる保育実践力─』建帛社　2013年

友定啓子・山口大学教育学部附属幼稚園『もう一つの子育て支援　保護者サポートシステム』フレーベル館　2004年

入江礼子・小原敏郎・白川佳子編『子ども・保護者・学生が共に育つ保育・子育て支援演習』萌文書林　2017年

井上孝之・小原敏郎・三浦主博編『つながる保育原理』みらい　2018年

第4章 子育て支援の展開過程

トシ先生 ここからは、子育て支援におけるソーシャルワークの理論や考え方を援用することの意味や重要性、その展開過程について、具体的に学んでいきます。「保育所保育指針解説」のなかの「第4章 子育て支援」の内容は把握していますか。

みらいさん はい。「子ども家庭支援論」などの講義で学習しましたし、この講義のために改めて読み直しました。確かに、ケースの内容などによっては、ソーシャルワークを用いて子育て支援を進める重要性も書いてあります。

トシ先生 みらいさんは、きちんと勉強をしていますね。ここでは、まず保育所などの保育現場において、保護者からどのような相談があり、どのように支援を行っているのか、その内容を学んだうえで、ソーシャルワークを援用した子育て支援の展開過程を学んでいくことにしましょう。

みらいさん 展開過程とは、つまり支援の進め方ということですよね。

トシ先生 そうです。社会福祉でいうソーシャルワークにしても、保育所における全体的な計画にしても、先を見通した目標があったり、日々の計画を立てたりと、段階を追って進めていきますね。子育て支援においても、問題や課題を発見したときに、ニーズを見極め、目標を立てたうえで支援を行っていくのは同じです。もちろん支援に関する評価も忘れてはいけません。

みらいさん では、子育て支援を進めるうえで、特に気をつけなければならないことはあるのでしょうか？

トシ先生 基本的には、対人援助や支援を進めるうえでの留意点と同じですが、保護者への支援と同時に、子どもの保育とも密接にかかわりながら展開していくところに子育て支援の特徴があります。また、保育者だけでは対応が難しい問題に対しては、関係機関と連携しながら支援を進めることもポイントとなります。そのような意味でも、ソーシャルワークの理論を援用した子育て支援が重要になってくるわけです。

みらいさん 保育者として保護者だけでなく、しっかり子どものことも考えた支援が大事なのですね。

トシ先生 その通り！ 子どもの利益を最優先に考えるのが、保育者の役割ですからね。では、授業をはじめましょう。

保育現場における子育て支援の内容

① 子育て支援の展開過程を学ぶにあたって

　近年の子育てを取り巻く環境の変化などにより、保育所など保育現場における子ども、保護者、家庭のニーズが複雑・多様化しており、保育者に求められる役割は従来以上に大きくなっている。このような背景から、保育所保育士をはじめ、保育者にはこれまで長年培ってきた保育の知識・技術や倫理（専門性）をふまえながら、保護者に対する子育て支援を行う役割が求められている。その際、「保育所保育指針解説」でも述べているように、ケースによっては、ソーシャルワークの基本的な姿勢や知識、技術に関する理解を深めたうえで、支援を展開していくことが重要かつ効果的となる。

表4－1　保育現場における子育て支援の内容（相談内容）例

1．子育てにかかわる支援
①子育て一般にかかわる相談
②子どもの障害にかかわる相談
③子どもの発達のつまずきにかかわる相談
④子どもの言葉のつまずきにかかわる相談
⑤子どもの病気にかかわる相談
⑥保護者の養育に対する指導
⑦ひとり親家庭の養育にかかわる問題
2．保護者自身の問題などへの支援
①子どもの障害の現状を受け入れない保護者
②子どもに対する虐待にかかわる問題（ネグレクトなど）
③犯罪に巻き込まれている保護者
④激しいクレーム
⑤保育に対する要望や抗議する保護者
⑥保護者自身の悩み相談
⑦離婚など家庭内不和の問題
⑧保護者の精神疾患による問題（医師の診断あり）
⑨保護者の障害
⑩約束事を守らない保護者
⑪保護者間のトラブル
⑫経済的に困難が起こっている保護者
⑬連絡が取れない保護者

出典：牧野桂一「保育現場における子育て相談と保護者支援のあり方」『筑紫女学園大学・筑紫女学園大学短期大学部紀要』第7号　2012年　p.180をもとに筆者作成

第4章　子育て支援の展開過程

　本章では、ソーシャルワークを援用した子育て支援の展開過程について述べるが、まずは、保育現場における子育て支援の内容（相談内容）について確認する。そのうえで、子育て支援の展開過程において特に重要な構成要素となる計画、評価、記録、さらには、効果的な支援を進めていくうえで必要となる関係機関との連携などを中心に示す。

❷　保育現場における子育て支援の内容（相談内容）

　表4-1は、保育所保育士などを対象に、「保育現場における子育て支援の内容」についてアンケート調査を行い、自由記述の分類整理を行ったものである[1]。これを例に見ると、大きく2つの内容に分けてとらえられる。一つは子どもの発達、障害、病気、養育にかかわることなど、子育て全般に関する内容があげられる。もう一つは、子どもへの虐待など社会的支援を必要とする問題、保育者（保育現場）への要望・苦情、保護者間のトラブルといった、保護者自身が抱える問題などへの支援が必要であることがわかる。保育の知識・技術だけでは対応が難しい内容も多いといえる。

　保育者は、このような現状をふまえ「保護者への支援が子どもへの支援につながること」を念頭に置いたうえでソーシャルワークを援用し[*1]、子育て支援を行っていく必要がある。

*1　援用
『保育所保育指針解説』において、支援内容等によっては、保育者も保育の専門的知識・技術に加え、社会福祉分野のソーシャルワークなどの知識・技術の援用が有効なケースもあるとされている。ここでの「援用」とは、この点を踏まえたものであり、子育て支援においてソーシャルワークは、あくまで保育の専門性を補うために用いるという意味を含んでいるためである。

子育て支援の展開過程・概要と保育者としての留意点

❶　子育て支援の展開過程のとらえ方

　前述の通り、子育て支援は保育の知識・技術や倫理（専門性）をふまえ、ソーシャルワークも援用して行うことがより重要かつ効果的といえる。保育者は、保護者や子どもに対して専門職として責任をもって支援を進め、効果的に問題の解決・緩和へとつなげる必要がある。そこで保育者は、子育て支援を展開するにあたっては、ソーシャルワークの展開過程をふまえたうえで、実際の支援を進めていくことが求められる。

　ソーシャルワークの展開過程については、理論の違いなどによってもさまざまなとらえ方があるが、ここでは、①問題把握（ケースの発見）⇒②インテーク（受理面接）⇒③アセスメント（事前評価）⇒④プランニング（支援

計画作成）⇒⑤インターベンション（支援の実施）⇒⑥モニタリング（中間評価）⇒⑦エバリュエーション（事後評価）⇒⑧クロージング（終結）といった形で子育て支援を展開していくと考えていきたい（図4−1）。

② 子育て支援における計画と環境の構成

▼プランニング（支援計画作成）の重要性

　保育所などの保育現場で、送迎時や電話・連絡帳などで保護者から相談があった場合、あるいは保育者が保護者や子どもの変化に気づき、支援の必要性を感じた場合などに「①問題把握（ケースの発見）」となる。その後、「②インテーク（受理面接）」や「③アセスメント（事前評価）」により明確になった保護者が抱える問題・ニーズに沿って目標を設定し、具体的な支援の内容・方法を決めていく段階が「④プランニング（支援計画作成）」である。これは、保護者に関する問題の解決・緩和、ニーズの充足などをめざしており、具体的かつ効果的な支援を展開していくうえで重要な意味がある。

▼プランニング（支援計画作成）における環境構成

　保育において「環境」は、「環境を通して行う」ことが保育の基本といわれるほど重要なものである。そして、ソーシャルワークを援用した子育て支援を展開するうえでも、非常に重要な意味をもつ。プランニング（支援計画作成）においては、保護者が抱える問題の解決・緩和、ニーズの充足に向けた環境の構成を考え、それをふまえておくことが求められる。

　保育における環境にはさまざまなとらえ方があるが、たとえば、子ども、保護者、保育者などの「人的環境」、保育所にある遊具、教材などの「物的環境」、あるいは、掲示物のコーナー、保育室全体など場を一つのまとまりとしてとらえた「空間的環境」があげられる。ソーシャルワークを援用した子育て支援を展開する場合、さらに幅広く子育て支援にかかわる制度・サービス、児童相談所、市町村保健センター、母子生活支援施設などの機関・施設、近隣住民など保護者の子育てを取り巻く環境を考慮することが求められる。保育者は、このような環境をいかに構成できるか、どのように支援に生かせるかを考えてプランニング（支援計画作成）を行う必要がある。

▼プランニング（支援計画作成）における留意点

　子育て支援における計画は、日常の保育における子どもの様子、送迎時や連絡帳での保護者とのかかわりなどから得た情報を整理・分析し、保護者が抱える問題・ニーズを明らかにしたうえで作成される必要がある。これらをふまえて、支援内容・方法などが決定され、実際の支援計画の作成へと至る。

その際、保育者の一方的な考え・方針を押しつけないよう注意が必要である。保護者の置かれた状況を理解し、優先順位や支援の期間なども考慮しながら、保護者が実現可能な目標を短期・中期・長期の視点で設定していく必要がある。保護者の「真のニーズ」を読み取り、環境構成も考えながらどのように計画に反映させていくか、保育者としての力量が問われる部分である。

③ 子育て支援における評価

▼評価の目的・意義

子育て支援は保育者が行う専門的な取り組みであり、一定の目標・計画に沿って展開されることが重要である。しかし、常に計画通りに進むわけではなく、保育者が保護者のニーズ、心身の状況などの変化に応じて目標・計画を修正しながら支援を行っていくこととなる。そのためにも評価が重要となってくる。その種類としては、「③アセスメント（事前評価）」（支援計画作成に向けたもの）、「⑥モニタリング（中間評価）」（支援の実施途中に実施されるもの）、「⑦エバリュエーション（事後評価）」（支援の実施後に行われるもの）があげられる[*2]。

このように評価を行うことで、保育者自身の支援を振り返ったり、他者の意見を聞いたり、視点・考え方を学んだりする機会となる。また、目標達成の見通し・度合い、支援実施後の効果、今後の支援の方向性などが確認できるだけでなく、保育者自身の専門職としての成長が促されることとなる。

▼評価における留意点

実際に支援が進められ（「⑤インターベンション（支援の実施）」）、「⑥モニタリング（中間評価）」を経て、「⑦エバリュエーション（事後評価）」の段階に至る。この段階で支援の内容が適切であったか、保護者がどのように感じたかなどの点とともに、計画作成時に設定された目標が達成されているかを確認し、「⑧クロージング（終結）」へと至る。ただし、目標が十分に達成されていないなど、継続して支援が必要な場合は、その内容・方法などを再検討したうえで必要な修正・変更が加えられ、継続して支援が行われる。

「⑥モニタリング（中間評価）」や「⑦エバリュエーション（事後評価）」では、保育者から見た支援実施後の保護者の言動や子どもの様子の違いを把握し、職場の施設長（園長）や先輩保育者の意見などもふまえながら、保護者とともに支援の過程、目標達成の度合いなどを振り返ることが重要である。評価の偏りを防いだり、新たな気づきを促したりするため、ケースによっては、他の関係機関からの意見を取り入れることも必要である。

*2
評価の主体（誰が評価をするか）という観点からみれば、「自己評価」（支援者自身によるもの）、「他者評価」（第三者評価など他者により行われるもの）に分けられる。また、他者評価を「内部評価」（組織内の他者による評価）、「外部評価」（外部の関係機関による評価）、「当事者評価」（支援を受けた利用者自身による評価）に分ける方法もある（吉田眞理『生活事例から始める相談援助』青踏社 2011年 p.89）。

図4-1 ソーシャルワークを援用した子育て支援の展開過程・概要

①問題把握（ケースの発見）
　支援につながる入口の段階であり、保護者が自身の抱える問題をなんとか解決・緩和したいと考え、自ら保育者に相談をする（支援を求める）場合と、保育者が問題を発見する場合がある。実際のケースでは、アウトリーチ＊の手法を活用した後者の場合も多い。

②インテーク（受理面接）
　問題把握によってかかわりをもった保護者の相談を受理し、具体的な支援に向けて相談を行っていくスタートの段階である。この段階では、保育者は、保護者が話しやすい雰囲気や環境に配慮すること、保護者とその問題などについて全体像を把握すること、保護者との信頼関係（ラポール）を築くことなどが求められる。

③アセスメント（事前評価）
　インテークの段階で収集した情報に加えて、保護者に関する情報収集（特に子どもも含めた生活状況、環境などについて）を継続して行う。この段階では、当該ケースの全体像を明らかにしたうえで、保護者が抱える問題・ニーズについて整理し、明確化していくことになる。保護者自身の状況把握のみならず、保護者が生活をする地域社会全体のことも把握するなど、保育者には多面的・多角的な視点が求められる。

④プランニング（支援計画作成）
　アセスメントによって明確になった保護者が抱える問題・ニーズに沿って目標を設定し、具体的な支援の内容・方法を決めていく段階である。どの問題から支援を行うか、緊急性の高さなどから優先順位をつける。

⑤インターベンション（支援の実施）
　支援の目標・内容などの設定後、実際に支援の実施となる。保護者自身の問題解決・緩和がスムーズに進むように、保護者を取り巻く環境にも働きかけて調整を行ったり、さまざまな関係機関を紹介したりするなど、具体的に支援が展開していく段階である。

⑥モニタリング（中間評価）
　支援の実施後、実際にはどのように支援が行われたか、また、保護者自身の変化やそれを取り巻く生活環境の変化などについて情報収集・分析を行う経過観察の段階である。必要に応じて、計画の修正、再アセスメントなどを行う。

第4章　子育て支援の展開過程

⑦エバリュエーション（事後評価）
計画に沿って支援を実施し、その状況や妥当性・効果などを総合的に振り返り、検討が行われる段階である。施設長（園長）や先輩保育者から、助言などを受けることもある。

⑧クロージング（終結）
実際に支援が展開された結果、問題の解決が図られた、あるいは課題は残るものの、保護者（家族）自身の力で対応していけることが保育者と保護者との間で確認された際に至る段階である。
＊保護者の転居・死亡、保護者からの一方的な申し出などによって、支援が中断・終結となる場合もある。また、ケース内容などにより、他の専門機関に送致することもある。

※　アウトリーチとは、自ら専門機関などに支援を求めることが難しい利用者（保護者など）のところへ、福祉、保健・医療分野などの専門職が直接出向き、支援を行う方法のことを指す（第11章 [p.163]を参照）。潜在的な問題を表面化させるなどの効果があるが、事前の関係機関（専門職）同士の連絡・調整を十分に行うなど注意が必要である。

出典：橋本好市・直島正樹編『保育実践に求められるソーシャルワーク―子どもと保護者のための相談援助・保育相談支援―』ミネルヴァ書房　2012年　pp.66-71、笠師千恵・小橋明子『相談援助　保育相談支援』中山書店　2014年　pp.45-49をもとに筆者作成

④　子育て支援における記録

▼記録の目的・意義

保育者は、専門職として保護者からのさまざまな相談に応じ、効果的な支援を行うことが求められる。そのため、保育者自身の経験や勘だけに頼るのではなく、どのような意図をもって支援を行い、効果が得られたのか、本当の課題はどこにあるのかといった保育者の考えや活動内容、保護者の置かれた状況などを適切に把握しておくことが必要である。

記録は、支援内容の証拠となるだけでなく、保育者自身が自らの支援を振り返る材料となり、自身の価値観や観察力の確認につなげることができる。また、同じ職場内の職員間や外部の関係機関との情報共有、支援過程のデータの蓄積などにおいて重要なものとなる。それらが評価やケースカンファレンス（第3節参照）などの資料として活用され、支援の一貫性・継続性を保障し、その質の向上へとつながる。このように、支援内容の質を高め、さらには、保護者や子どものQOL*3を向上させるためにも、子育て支援の展開において記録は不可欠であり、重要な要素といえる。

＊3　QOL（Quality of Life）
「人生の質」「生命の質」「生活の質」などと訳され、人間自身の一生・生活にかかわる主体的満足感、安定感、幸福感などのことを指す。

▼記録の方法・種類・留意点

子育て支援にかかわる記録として、「保育者が作成（記述）した文書」や「保

護者が作成（記述）した文書」などがあり、その手段として、手書きだけでなく、パソコン（ワードなどのソフト）を用いて作成する場合もある。さらに、「画像（DVD・写真）」や「音声（ボイスレコーダー）」なども必要に応じて活用される。その種類も、連絡帳、フェイスシート、行事の計画・実施に関する記録、職員間の連絡・引き継ぎの記録など、さまざまなものがある。

　なお、記録に記す用語や表現については、保護者や子どもの人権への配慮が求められる。保育者一人ひとりが、人権侵害となる不適切な用語は使用しないよう注意しなければならない。記録の使用目的によっては、保護者の名前を仮名やイニシャルを用いて記述するなど、プライバシーへの配慮も重要となる。

⑤　子育て支援を展開していくうえでの留意点

▼日常の保育を生かすこと

　ここまで、子育て支援の展開過程・概要、各過程における保育者の留意点などを述べてきたが、支援を展開していくうえでの全体的な留意点を示す。
　「保育所保育指針解説」（第4章）では、「保育所における保護者に対する子育て支援は、子どもの最善の利益を念頭に置きながら、保育と密接に関連して展開されるところに特徴がある」と明記している[*4]。そして、「日常の保育に関連した様々な機会を活用し子どもの日々の様子の伝達や収集、保育所保育の意図の説明などを通じて、保護者との相互理解を図るよう努めること」としている。保育所保育士をはじめとした保育者は、日常の保育のなかで子どもの変化にいち早く気づくことができる。また、連絡帳や送迎時の会話、保護者会などを通じて、子どもの家庭環境や保護者の子育ての状況などについて把握することもできる。保育者はその点を十分に生かし、保護者の子育てへの自信や意欲を支えられるように、勤務する職場の特性、環境などに応じて子育て支援を展開していくことが求められる。

▼「保護者との共同作業」として柔軟性をもつこと

　保護者の生活は、保護者自身の心身の状況、さらには子どもの状況などによっても異なり、日々規則正しく同じことが繰り返されることはない。そのため、保育者が保護者のニーズ、心身の状況、環境などを把握し、それらの変化に応じて目標・計画を修正・補足することによって、子育て支援を展開していくこととなる。図4－1（p.58）のように、それぞれ独立した過程が常に規則正しく展開されるわけではなく、各過程が関連し合って（たとえば「②インテーク（受理面接）」と「③アセスメント（事前評価）」が相互に関

*4
子どもの最善の利益と子育て支援については、第2章（p.37）を参照。

連し合って）進められる場合もある。また、緊急に支援が必要となったケースの場合、各過程が必ずしも順番通りに進められるとは限らない。専門職として守るべき倫理を忘れず、「保育者と保護者との共同作業」と考えて調整を繰り返しながら、柔軟に支援を進めることが求められる。

なお、ここでいう「柔軟に」とは、単に保育者の思いつきや場当たり的なものではない。保育者が日常の子どもや保護者とのかかわりを大切にし、ケースカンファレンスや記録などをもとに職員（専門職）間で共有を図りながら検討されたうえでの「根拠のある柔軟な支援」が求められる。

3 子育て支援における関係機関との連携

① 子育て支援における関係機関との連携の必要性

▼関係機関との連携が求められる背景

前述の通り、子どもの発達や障害に関する不安・悩み、DV、保護者同士のトラブルなど、保育現場における保護者への支援の内容は多岐にわたる。今日では、さまざまな要因がからみ合い、問題をさらに複雑化している傾向にある。保育者がそれらを解決・緩和する際、保育所など特定の施設・組織による取り組みだけでは困難で、ソーシャルワークの知識・技術などをふまえ、他分野の関係機関との連携が必要となることもある。

▼保育所において関係機関との連携が必要となる場面

たとえば、ある保育所における次のようなケースから考えてみたい。

保育所に通う子ども（5歳児）の父親に精神障害があり、母親に対して日常的に暴力（DV）を振るうなど、夫婦間の関係があまりよくないことが保育者と子どもの話から明らかになった（「①問題把握（ケースの発見）」）。

この場合、図4－1（p.58）にあてはめて考えると、「2－⑦離婚など家庭内不和の問題」や「2－⑧保護者の精神疾患による問題」などがあり、保育所においてそれらへの対応が求められている。保育者が子育て支援の展開過程において「②インテーク（受理面接）」や「③アセスメント（事前評価）」を行うと、問題の背景に「2－⑫経済的に困難が起こっている保護者」や子育てにかかわる不安・悩みなどがあると判明することも考えられる。その後、「2－②子どもに対する虐待にかかわる問題」、さらには、実際に父母の離婚問題などへと発展する可能性も否定できない。

これらの問題を解決・緩和するために「④プランニング（支援計画作成）」

が必要となり、「⑤インターベンション（支援の実施）」、支援途中の「⑥モニタリング（中間評価）」で必要に応じて計画の修正などを行い、「⑦エバリュエーション（事後評価）」「⑧クロージング（終結）」へと至る。

ただし、支援の実施後も目標の達成度合いが不十分であったり、新たに問題が発生することも考えられる。その場合、支援を継続するかどうかも含め、方法などを検討していくこととなる。また、支援の途中で保護者と「2－⑬連絡が取れない」状況になり、支援の中断・終結となることも考えられる。そのほか、「2－①子どもの障害の現状を受け入れない保護者」「③犯罪に巻き込まれている保護者」など、内容・程度などによっては、支援の途中で他の専門機関へ送致し、対応を委ねる場合もある。

▼保育所が連携を図る関係機関の種類

前述のケースでは、保育所だけで母親をはじめ家族全体を適切に支援し、問題の解決・緩和に導くことは困難であろう。この支援の展開過程においては関係機関との連携が必要となることがわかる。この関係機関・組織としては、母親や子どもの心身の安全、経済的な面などを考慮すると、社会福祉分野の児童相談所、福祉事務所、婦人相談所（配偶者暴力相談支援センター）などが考えられる。また、家族全体の見守りや保健・医療といった面から考えると、地域の民生委員、医療機関（精神科病院）、保健センター、さらにはDV問題に関して、警察との連携が必要になることもある。

この例をとっても明らかなように、保育者は、効果的な子育て支援を行うため、ソーシャルワークの知識・技術などをふまえ、他分野も含めた複数の関係機関との連携が必要となってくる。なお、ここにあげた児童相談所なども含め、保育所が連携を図ることが考えられる関係機関・組織として、図4－2のようなものがあげられる[*5]。

*5
関係機関との連携の方法などは、第8章（p.123）で学ぶ。

② 子育て支援におけるケースカンファレンス

▼ケースカンファレンスとは

ケースカンファレンスとは、保育士など一職種のみならず、医師、看護師、臨床心理士など、さまざまな職種・立場の支援者（専門職）が集まり、支援の方向性や内容などについて検討する会議のことである。また、外部の専門職は含めず、同一施設・組織内の関係職員（専門職）だけが集まり、実施中の支援の経過報告、計画・方向性などを検討するために行う会議をさす場合もある。

第4章　子育て支援の展開過程

図4-2　保育所が連携する地域の関係機関・組織

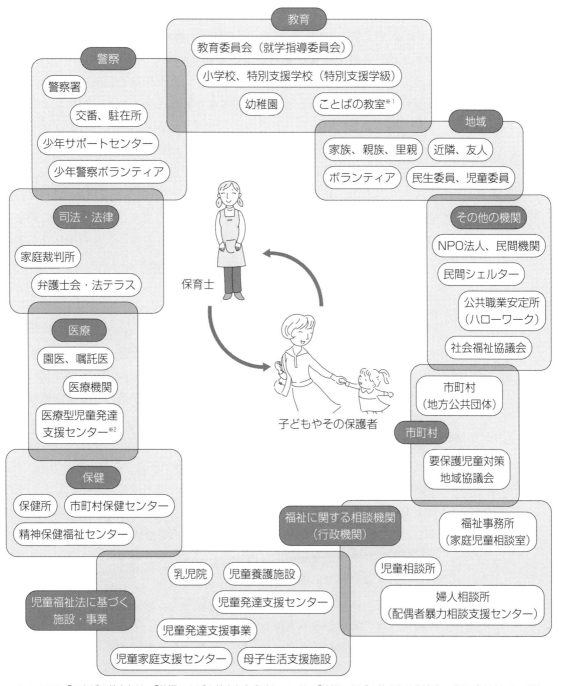

※1 ここでの「ことばの教室」は、「幼児ことばの教室」を意味している。「幼児ことばの教室」は制度上の位置づけがなく、学校や幼稚園、地方公共団体が独自の施策により設置・運営している。幼稚園内や小学校に併設されていることが多く、ここでは「教育」の枠組みのなかに分類した。
※2 「医療型児童発達支援センター」は、児童発達支援と地域支援（周辺機関等への訪問・相談支援）を行う。「児童発達支援センター」の活動に加え、治療（医療の提供）機能を有する点で特徴をもつ児童福祉施設である。そのためここでは「医療」の枠組みのなかに分類した。

出典：笠師千恵・小橋明子『相談援助　保育相談支援』中山書店　2014年　p.96

▼ケースカンファレンスの意義・留意点

　保育現場における子育て支援の内容が複雑・多様化し、他分野の関係機関（保健・医療分野、教育分野など）との連携が求められるなか、ケースカンファレンスは、子育て支援を進めるうえでも欠かせないものである。たとえば、前述の事例のように、多くの問題を抱え、対応が困難な保護者（家族）への支援において、複数の専門職による多様な視点・知識をもとにしたアセスメント（事前評価）や支援計画の作成・実施ができる、協力し合いながら支援の内容・方法の検討ができるなどのメリットがある。

　ただし、参加メンバーが安易に妥協して支援の方向性・内容を決定しないようにするなど、それぞれの立場で専門性を生かしながら積極的に参加し、全体で相互理解を図っていく姿勢が求められる。また、保護者などに関する情報共有は最小限度とし、知り得た情報の管理にも細心の注意を払う必要がある。

③　保育者が関係機関との連携を図る意義

　保育をはじめとした社会福祉、保健・医療、教育など、支援における考え方や視点、役割、職場環境などの異なるさまざまな分野の機関（専門職）が、一定の目標・方向性などを共有し、それぞれの役割に沿って支援を展開していくことは、実際には困難なことが多い。

　保育者はこの点を理解しつつ、「誰のための支援か」「自身に求められる役割は何か」ということを考えなければならない。子育て支援を行ううえでは、子どもへの支援も含めて考え、保育者としての専門性を生かし、どのような役割を担えるかの検討が求められる。そして、ソーシャルワークの知識・技術などもふまえ、連携を図りながら支援を進めるなかで、それぞれの専門性が影響を与えあい、お互いに専門職として成長する可能性があるという意識をもつことも必要である。

　保育者は、保育所など職場内の日常の保育を大切にしながら、他分野の関係機関（専門職）からも支援の視点・方法を幅広く学ぶことにより、自らの保育者としての専門性が高まり、より効果的な子育て支援の展開につながることを忘れてはならない。

第4章 子育て支援の展開過程

🐝 まとめてみよう

① ソーシャルワークを援用した子育て支援の展開過程（図4－1）について、各過程の概要を確認（把握）したうえで、保育者が展開していく際の全体的な留意点をまとめてみよう。
② ソーシャルワークを援用した子育て支援における関係機関との連携について、保育者として考えるべきことをまとめてみよう。

【引用文献】
1）牧野桂一「保育現場における子育て相談と保護者支援のあり方」『筑紫女学園大学・筑紫女学園大学短期大学部紀要』第7号　2012年　p.180

【参考文献】
橋本好市・直島正樹編『保育実践に求められるソーシャルワーク―子どもと保護者のための相談援助・保育相談支援―』ミネルヴァ書房　2012年
小田豊監　吉田ゆり・若本純子・丹羽さがの編『保育相談支援』光生館　2012年
笠師千恵・小橋明子『相談援助　保育相談支援』中山書店　2014年
須永進編『事例で学ぶ　保育のための相談援助・支援―その方法と実際―』同文書院　2013年
牧野桂一「保育現場における子育て相談と保護者支援のあり方」『筑紫女学園大学・筑紫女学園大学短期大学部紀要』第7号　2012年　pp.179-191
吉田眞理『生活事例からはじめる保育相談支援』青踏社　2011年
入江礼子・小原敏郎・白川佳子編『子ども・保護者・学生が共に育つ保育・子育て支援演習』萌文書林　2017年

演習編
子育て支援の基本

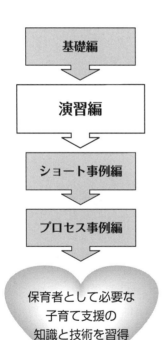

子育て支援の基本的な技術や方法を学ぶ
（第5章～第8章）

第5章　子育て支援における計画・記録・評価

トシ先生　保育者としてさまざまな支援をする場合、計画や記録が欠かせないことは、いろいろな講義から学んできましたね。なぜ、必要なのかわかりますか？

みらいさん　保育実習でも計画を立てたり、実習日誌をつけていましたから、よくわかります。計画は目的や手順をはっきりさせるため、記録はあとで振り返ったりするためですよね。

トシ先生　そうですね。それもあります。また、記録を書くことで情報が整理されたり、場合によっては図示することで全体像を把握することもできます。特に複数の保育者や他の専門職と連携していく子育て支援では、計画や記録によって情報が共有され、支援の一貫性が保たれたり、支援の重複や勘違いなども防ぐことができます。そして、計画や記録をもとに、目標の達成度や実践の方法、効果などを評価することによって、支援の質を上げていくことにも使われます。

みらいさん　なるほど。考えれば考えるほど、その重要性に気づかされます。

トシ先生　ところでみらいさんは、実習の計画を立てたり、記録を書くときに何かを参考にしましたか？

みらいさん　先輩の残した計画や記録を参考にしました。あ、わかりました！　記録は、後に続く人が事例として学んだりする意味もあるんですね。

トシ先生　まさしく、みらいさんがその恩恵にあずかったってことですね。実践を記録によって蓄積し、経験の少ない保育者がケーススタディとして学び、実践力を高めていくことも計画、記録、評価の大切な役割なのです。

みらいさん　計画を作成したり、記録を書くのは、ちょっと大変で難しいなと思っていましたが、計画や記録がきちんとできるようになって、はじめて保育者として一人前ってことなんですね。

トシ先生　その通り！　計画も記録も記述の方法や決まりなどがありますから、ここでは基本的なことを学んでいきましょう。また、自身の実習の自己評価を通して、客観的に評価することも体験してみましょう。

計画の必要性と計画策定の方法

① 計画の必要性

　子育て支援において「計画」とは、保護者や子どもが抱える生活上の困りごとや問題に対して支援の目標を定め、その達成のために保育者や関係者が、いつ、どのような働きかけや行動をすればよいのかという手段やプロセスを示したものである。支援を行うにあたって計画の作成は必要不可欠なものであり、計画を作成しないまま、保育者や関係者が一貫性のない支援を展開しても、問題や課題の解決に十分な効果を期待することはできないであろう。

　子育て支援とは、保育者などの専門職による支援として行われなければならない。もちろん、協力者として当事者の祖父母や保護者の友人、ボランティアなども加わる場合もあるが、保育者は専門的知識と専門的技術の双方に基づいてプライバシーの保護や守秘義務に配慮しているため、安心して話ができ、協力体制を構築できる立場なのである。

　子育て支援の展開過程は、第４章で学んだとおり、問題把握（ケースの発見）→インテーク（受理面接）→アセスメント（事前評価）→プランニング（支援計画作成）→インターベンション（支援の実施）→モニタリング（中間評価）→エバリュエーション（事後評価）→クロージング（終結）といった一連の展開過程において進められる。保育者はその展開過程の中で専門職として業務にかかわっていく。

　このことから、本章の子育て支援における計画・記録・評価とは、保護者や子どもの抱える問題や課題の解決に向けた支援の展開のために、保育者だけではなく、保護者自らが参画し協力してつくり出す「計画」、支援の過程や成果を保存する「記録」、支援の過程や成果に対する「評価」という視点で話を進めていきたい。また、保護者が協力的に自らの課題解決に向けて取り組むよう促すためには、保育所や保育者による保護者への働きかけや、安心して話をすることができる環境への配慮と構築が、その前提として重要となる。

② 計画策定の方法

▼アセスメントの必要性

　支援計画の作成には、相談者に関する広範かつ詳細な情報収集が求められる。そして、その収集された情報に基づき、アセスメントが行われ、支援計画が作成される必要がある。

　子育て支援におけるアセスメントは、保護者などの訴えを聞き、情報を集めていく中で状況を把握し、真のニーズを明らかにする役割をもつ。そのため、個人を理解するための情報や保護者の抱える問題に関する情報、その家族の生活に深いかかわりのある人に関する情報など、得られる情報は広範、かつ詳細であることが望ましい。なぜなら、詳細で精緻な情報収集が行われることで、保育者が支援を展開するための計画を作成しやすくなり、保護者のより現実的（日常的）な姿に即した支援が可能となるからである。しかし、その一方で、保護者の負担となるような情報収集は行ってはならないという注意も必要である。支援の本来的意義に基づき、保護者の現在の生活と環境を脅かさないこと、人権に配慮すること、心情に配慮し寄り添うこと、秘密を保持することなど、専門職としての倫理的配慮は最大限に留意する必要がある。

▼実態に即した計画の必要性

　アセスメントにより把握された保護者の問題や課題に基づき、支援計画を作成する。その際には、当事者である保護者の意向や希望を十分に反映した計画が立案されることが望ましい。また、保護者との合意に基づいたうえで、目標[1]や支援方針、支援内容などが設定され、決定される必要がある。決定された支援計画は、保護者の生活状況や生活背景、社会生活の状況などを広くとらえ、フォーマル（公的）な社会資源とインフォーマル（非公的）な社会資源とのネットワーク（人と人との結びつき、人やもの、制度や情報などのさまざまな結びつき）、他の専門職とのチームワークにより遂行されることについても考慮しなければならない[2]。そして、時間的な余裕をもち、その内容に関する進行状況に柔軟に対応することが可能となるよう、多様な観点を含み考慮した計画の作成が求められる。

▼保護者との合意に基づく計画

　子育て支援は、保護者の抱える真のニーズを把握し、その解決に向けて保護者自身のもつ力を最大限発揮できるよう、さまざまな社会資源を用いながらサポートすることで成立する。そのため、支援計画は、保護者の問題解決をめざした目標設定とクロージング（終結）までの支援展開と方法を検討し、

[1] 目標には終結時の状態を想定し、見通しを立てる長期目標や当面の取り組むべきことを具体的に決定する短期目標、その中間的な中期目標がある。

[2] 社会資源について、詳しくは、第8章（p.120）を参照。

具体的かつ効果的に行われるものでなくてはならない。具体的には、①保護者が求めている支援に沿っていること、②目標は達成可能かつ明確で、測定できるよう設定されていること、③成長を強調し肯定的な言葉で表現されていること、④サービス機関や施設の機能と提供される支援内容が一致していることなどが十分ふまえられている必要がある。そのうえで、保護者自身が支援計画を十分理解・納得し、保護者自らが課題や問題解決のために行動できるよう働きかけていくことが必要不可欠である。また、保育者は、保護者が安心して自らの課題解決へと取り組むことができる環境づくりへの配慮も忘れてはならない。

つまり、計画立案においては、保護者との合意に基づき、短期、中期、長期といった支援目標の優先順位についても考慮したうえで立案する必要があり、なおかつ支援が行われる際においても具体的な支援方法や支援の展開などが明確である必要がある。また、保護者自身が課題を解決していくために、自発的に取り組むことができるような環境づくりも欠かせない。

③ 連携に基づく支援

子育て支援を行うにあたり連携を図ることは非常に重要である。連携とは、保育者間での連携、他職種間での連携、保護者との連携、地域社会との連携、社会資源との連携など、さまざまな形での連携がある[*3]。保護者やその家族を巻き込みながら、ケースにかかわる全員が解決へと意識を注ぎ、チームとして課題解決に向かうことが必要となる。

一人の専門職だけで抱え込むことでは、継続的かつ持続的に質の高い子育て支援を展開するのは難しい。複数の視点からアセスメントを行い解決策を考えることによってこそ支援の質は高くなる。さらに、保護者が相談しやすい体制（相談をもちかけやすい状況）という点から考えても、専門職間で情報の共有を行い、支援がどのように展開し進められていくかという認識に関してすり合わせを行い、連携を深めることは必要不可欠である。

このような観点から子育て支援に携わる専門職は、カンファレンスを定期的に行い、常に情報共有を図りつつ、支援実践の振り返りを継続し、計画に基づく支援をモニタリングし、計画内容をアップデートし続ける必要がある。

*3
関係機関との連携について、詳しくは、第8章（p.123）を参照。

第5章　子育て支援における計画・記録・評価

「計画」作成における協力者の参画を促すための環境構成の検討

> ▼ ワークのねらい ▼
>
> 　子育て支援を行うにあたり、「計画」の作成は、重要な役割を担う。計画を作成するためには、当事者である保護者の意向や希望を十分に反映する必要があるため、現状の把握と分析が必要となる。検証された課題の解決に向けて、短期・中期・長期といった優先順位に基づく目標が示され、支援方針や支援内容が決定されていく。そして、決定された計画に基づき、支援が展開されていくことになる。その際には、保育者、他職種、保護者、地域社会、社会資源といったさまざまな連携を図り、チームとして協働的に、解決に向けた支援へ取り組むことがなによりも重要である。
>
> 　しかしながら、チーム全体での意思疎通や情報共有を図り、それぞれの立場や専門性からアセスメントを行うことで、問題解決のための新たな視点を構築することなど課題も出てくる。特に保護者は、支援を利用する立場でありながらその解決の中心的な役割を担うことを知り、保育者の働きかけや環境構成への配慮、協力的な関係を構築していくことの重要性について、理解を深めることをねらいとする。

■ ワークの進め方

① 「計画」を作成する際に、【対象】と円滑に連携し、協同的な関係性を構築するために必要と考える保育者（あなた）の、①【対象】と情報共有を図るための配慮、②【対象】の参画と連携を促すための働きかけ、③【対象】の参画と連携を促すための場の設定や環境構成について各自検討し、箇条書きのうえまとめる。検討する【対象】の順番は、①保育者、②保健師などの他職種、③保護者の順で行う。　　　　　　　　　　　　（10分）

② 4人一組のグループをつくる。

③ グループにおいて、それぞれが考えた、①【対象】と情報共有を図るための配慮、②【対象】の参画と連携を促すための働きかけ、③【対象】の参画と連携を促すための場の設定や環境構成について、箇条書きし、まとめた内容を報告し、メンバー全員で共有する。　　　　　　　　　　（10分）

④ 共有された情報に基づき、グループにおいて対象による働きかけや配慮、

環境構成の差異について、メンバー全員で話し合い、その理由についてあわせて検討し、報告する。　　　　　　　　　　　　　　　　　(10分)

【時間約30分】

ワークをふりかえって

① 連携、チームによる解決というその後の支援を見通した計画作成の重要性について理解できましたか。
② グループメンバーとの話し合いから、自身の考えた働きかけや配慮、環境構成について、改めて考えてみましょう。
③ 自身が保育者として、「計画」の作成を行う場合、どのようにして保護者を主体的に参画へと導くことができるか考えてみましょう。

2 支援記録の必要性と記録の方法

① 記録の目的

　子育て支援に限らず、保育士など専門職によって行われる専門的行為として支援が行われている以上、記録するという行為は必要不可欠であり安易に考えてはならない。

　記録が行われる意味としては、支援内容の一貫性や連続性の確保、支援者の洞察の深化や支援活動の質的向上、支援の適正化に向けた効果検討、支援者同士（同僚）の協働などがあげられるが、その目的は以下のように示すことができる。

▼証　拠

　記録は、保護者に対して行われた支援内容について、どのような考えや理由で、どのように支援（いつ、どこで、どの程度）が行われ、どのような成果があったかということを書面上に証拠として残すことができる。このように書面に残すことにより、業務内容を確認することができると同時に、なんらかの理由によりトラブルが発生した際にも、問題解決の手がかりとして用いることが可能となる。

▼共　有

　チームアプローチにより解決に向けた支援が展開され実施されるが、保護者と直接的にかかわる支援では、通常は一人の保育者が担当しており、支援内容や情報収集にかかわるやり取りに関しても、担当者のみが理解している

ということが起こりやすい。しかし子育て支援は、チームアプローチによる支援を前提としているため、チームのメンバーを含め、支援にかかわる全員が支援内容や情報を共有する必要がある。記録により、専門職者間での情報共有が丁寧かつ正確に伝達されやすく、現状の把握や実態の理解に差異なく取り組むことが可能となる。

▼自己評価（振り返り）

　記録をとることにより、日々の自身の支援について振り返りを行うことが可能となる。支援内容を思い出し、振り返ることで、その内容を客観的に確認することができる。また、これまでの支援内容が、保護者にとって最適であったのか、別の方法による支援の可能性についても評価し、検証を図ることが可能となる。

▼他者による評価

　他者からの支援内容にかかわる評価を受けることにより、支援の質的向上を図ることが可能となる。上述の証拠・共有・自己評価と同様に、記録により、部分的にしか確認できない内容についても包括的に知ることが可能となるだけでなく、支援内容の必要性やその連続性などについても理解することができる。評価されることは、自分が気づかなかったことやできていなかった（不足している）ことなどを知ることができ、保護者にとって現状よりも支援の質が向上する可能性があること、支援者自身も学びによる成長の可能性があることなど、メリットは大きい。

▼調査・研究

　記録を先行事例として用いることにより、現実に起こった保護者や子どもの問題や課題について学べること、事例検討により支援内容の改善や問題点の把握を図ることなどが可能となる。近似事例として、支援を整理し検証を行いながらまとめていくことにより、減少・増加といった件数の変動や事例区分ごとの傾向や偏りなど、過去に遡って根拠をもった資料としての利用が可能となる。これらは、今後起こりうる問題や課題に対しての予防策を検討すること、支援内容のモデルケースを作成すること、保護者のニーズに適した支援を構築することなどへつなげていくことができる。

② 記録・記載の留意点

　記録をとる際は、事実としての客観的視点に基づいた記録と保育者の主観や価値観などが含まれた記録を区別したうえで、記載することが必要となる。もちろん、記録は、それぞれの記録様式により使い分けを行うものであるが、

保育者の主観や価値観が含まれたことに気づかないまま、事実の記録として行われている場合も存在するため、記録した内容に偏りや不足がないか、起きた事実に対して保育者の先入観や間違った見方・認識（たとえば主観や推測、決めつけなど）が含まれていないか、ということについて吟味する必要がある。

　つまり、記録は、実際に起こった事実や保護者の話、子どもの様子など観察記録の視点から記載をする「事実としての記録」と、保護者の状態や経過に関する考え方（方針）など保育者が見て感じた「感想としての記録」の使い分けができれば、保護者と保育者のその場の雰囲気が記録の中でより伝わることとなり、事実がより鮮明になる。繰り返すが、「事実」としての記録と「感想」としての記録を明確に区別して記録をとる必要がある。

　また、記録は、秘密保持や管理、開示、アクセスなどにも留意が必要である。個人情報保護やリスクマネジメントの観点から厳重な管理が求められるとともに、開示要求などに対しては慎重な対応が求められることにも留意が必要である。

③　記録の方法

　記録には、以下のような記述の形態がよく用いられる。
① 叙述体：実際に起こった出来事を順序立てて、日時などの時間経過に従い記述していく方法。
② 要約体：起こった出来事の中から重要なことを抜き出したり、まとめたりすることで、簡潔に要点を整理する方法。
③ 描写的記載：主観的な内容を除外して、見たこと、聞いたことをそのまま記載する方法。
④ 分析的記載：起こった出来事、結果などに対して、その要因や考察などを加える方法。

　このほかにも、情報の視覚化として、ジェノグラムやエコマップの方法[*4]や、写真やビデオなどを用いる方法もある。

　このように、記録の方法にはさまざまな方法があり、記録が記録のための記録とならないように、意味をもった記録となるような手法が開発されている。

　また、情報の理解という点から事例研究の手法であるマッピング技法（ジェノグラムやエコマップ）についても、効果的な記録の手法となり得る。

*4 ジェノグラムとエコマップについて、詳しくは本章（p.77〜79）を参照。

④ サービス中心アプローチによる記録

　子育て支援ではサービス中心アプローチ[1]による記録の方法が有効的だと考えられる。

　サービス中心アプローチ（service-centered approach）とは、サービスの目的、過程、クライエントへの影響に記録の焦点を当て、サービス（支援）提供の局面が変わるとともに焦点も推移するという特徴をもつ。

　サービス提供の初期では、記録の焦点は、①サービス提供を望む理由や照会、申請の理由、②保護者とその状況についての描写やアセスメント、③利用できる資源やサービス、あるいはそれにあたっての課題に置かれる。

　次に、契約成立後では、記録の焦点は履行状況に置かれ、①サービスに関する支援者と保護者等の決定事項、②サービスの目的と目標、③計画、④サービスの実行状況、⑤進捗状況、⑥変化と効果に関するアセスメント、についてはその証拠づける内容が必要となる。

　支援の終結またはサービスの終了決定時では、記録の焦点は、①終結あるいは変更の理由、②サービス提供過程における保護者と状況についての振り返り、③サービス提供内容の振り返り、④サービス内容と保護者に与えた影響についての評価、⑤今後のサービス計画、⑥フォローアップ、に置かれる。

　サービス中心アプローチによる記録は、適切でわかりやすく、論理的にタイミングよく書かれ、内容的にも意義のあるもので理論性をもっており、保護者の視点も視野に入れつつ専門職の見解を示していることが望ましいとされている。

⑤ ジェノグラム・エコマップ

▼ジェノグラムとは

　ジェノグラムとは、最低3世代以上の家族のメンバーとその人間関係を記載した家系図作製法である。家族関係についてツールを用いて図化し表すものであるため[2]、複雑な家族構造や家族間の情緒的な関係性、世代を超えた家族歴を視覚的にとらえることが可能となる。これにより、保護者（当事者）の問題や症状が家族との関連においてどのように形成されてきたのか、また、現在どのように家族という関係性の中に位置づけられているかということが示される。

　そして、これらによって示された情報により、その問題や症状が、過去から未来にわたって、どのようにつながっているのかということをアセスメ

図5-1 ジェノグラムの記載方法

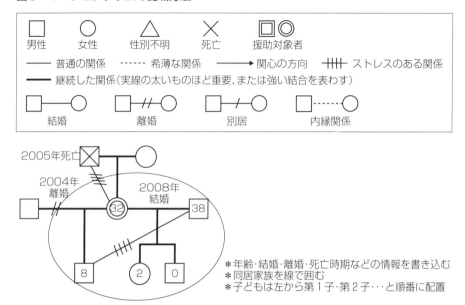

*年齢・結婚・離婚・死亡時期などの情報を書き込む
*同居家族を線で囲む
*子どもは左から第1子・第2子…と順番に配置

トすることが可能となる。

▼ジェノグラム記載の代表的ツール―家族の基本構造―

　男性は□、女性は○で示す。□や○の中に、年齢や氏名を記載するような場合もある。夫婦については、婚姻や離婚について記号とともにその年号を記す。男性を左、女性を右に示すのが基本となる。子どもは、左から出生順に示し、夫婦をつなぐ横線から縦線を下ろして、男児□や女児○とつなぐ。離婚や再婚を繰り返しているステップファミリーの場合、基本通りにいかないことも多いが、わかりやすく工夫し、現在同居している家族に関しては円で囲むことが一般的である（図5-1）。

▼ジェノグラム記載の代表的ツール―家族相互の関係―

　家族相互の関係に関して、直線や点線、波線、矢印などを用いて関係性を示すこととなる。関係性の親密度に関しては直線により示すことが多く、関係性の薄さに関しては点線や破断により示す。また、かかわりの課題（干渉や虐待など）については、その関係性がわかるように矢印の向きを合わせて示すことが必要である（図5-1）。

▼エコマップ

　エコマップは、先のジェノグラムと同様に、地図として図化するマッピング技法の一つである。エコマップは、生態的地図、社会関係地図と呼ばれており、保護者（当事者）や家族、社会資源との要素が関係づけられ、配置・図化される。これにより、保護者をめぐる人間関係や社会関係などを的確に

第5章 子育て支援における計画・記録・評価

図5-2 エコマップ

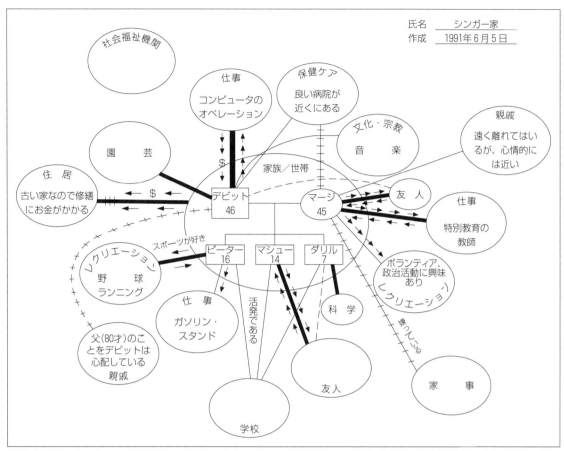

出典：湯浅典人「エコ・マップの概要とその活用：ソーシャルワーク実践における生態学・システム論的視点」日本社会福祉学会『社会福祉学』第33巻1号 1992年 p.129

把握することとなり、保護者の生活空間とその状況の具体化が図られる[3]。エコマップの記載における空間的配置の原則[4]としては、保護者とその家族のジェノグラムを中心に記載する。そして、中心となるジェノグラムの周囲に他の関係者や関係資源である社会資源が記される。それらは関係性の強さやかかわりの深さなどにより空間的位置の配置が変化することとなる。配置される関係者や関係資源は、具体的な人物や機関、施設、職名、グループ名称などにより表示していく。

ワーク

2 マッピング技法（エコマップ）の作成

▼ ワークのねらい ▼

ジェノグラムやエコマップなどのマッピング技法を学ぶことにより、情報の視覚化とその理解について体感的に習得することができる。子育て支援には、保護者と家族やまわりの環境に関する情報収集が非常に重要であり、その整理は貴重な役割を担う。しかし、収集する過程で必要な情報が抜け落ちる場合や十分な深度で収集できていない場合、整理において文脈的にまとめることが困難な場合が存在する。そのような場合、マッピング技法は図化による表現を行うため、先述の課題を解決しやすい。

また、作成したエコマップをメンバーのものと比較することで、他の支援者の視点やアプローチの違いについて理解できる。なお、支援期間の長さにより保護者を取り巻く状況が変化していくため、支援も固定化できないことに気づき、理解する。

■ ワークの進め方

① 4～5人で1組のグループをつくる。
② エコマップ記載用のA4版用紙を1人1枚ずつ受け取る。エコマップの書き方については、図8－1、図8－2を参照のこと。　　　　　（5分）
③ 事例の家族の情報に基づき、まずはジェノグラムを作成し、引き続きエコマップを作成する。社会資源については、事例から読み取れるもののほか、情報が不足している点や支援者の視点から推測できる資源を考え記載する。　　　　　　　　　　　　　　　　　　　　　　　　（15分）
④ グループメンバーと作成したジェノグラムやエコマップの違いを確認する。　　　　　　　　　　　　　　　　　　　　　　　　　　　　　（10分）

【時間約30分】

相談事例

> 　A保育所に通うRくん（4歳・男・保育所年中組）は、とても活発な元気な男の子です。友だちと一緒に外遊びをすることが大好きです。しかし、他の子どもと比べると、落ち着いて座っていたり、本を読んだり、お話を聞いたりすることがあまり得意ではありません。また、話す語彙もあまり多くなく、自分の考えや感情を言葉で伝えることが上手ではないため、お友だちに手を出してしまうこともあります。
> 　Rくんのお母さん（Yさん・30歳・パートタイム勤務）は、他の子どものお母さんに謝らなくてはならないことも多く、そんな息子の様子を心配しています。息子に発達の遅れがあるのかどうか、言葉の獲得が遅れているのか、解決策として「ことばの教室」などに通ったほうがよいのか悩み、A保育所に相談をしてきました。相談の中でわかったことは、Rくんのお父さん（Hさん・33歳・会社員）は、息子のそのような状況についてまったく心配していないこと、Rくんの育ちが遅れているかもしれないという内容の話をとても嫌がるということ、Rくんの弟のAくん（8か月・男・認可外保育施設）が元気に産まれているんだから何も心配するなと言っているということでした。そして、本当は保育所への相談などもしないように言っているそうです。Rくんの家族は、昨年別の地域から引っ越してきたばかりのため、お母さんの友人は近くにいません。困ったお母さんは、自分の両親（祖父・Yさん・64歳、祖母・Tさん・60歳）にも不安を打ち明け相談したところ、父親には内緒でそのことを保育所に伝えたうえで、解決策を探してみたほうがよいとの結論になり、今回の相談に至ったそうです。
> 　お父さんのご両親はすでに他界されています。

💡ワークをふりかえって

① 事例に基づき、ジェノグラムやエコマップの作成ができましたか。また、作成の手順や方法について、理解できましたか。
② グループメンバーと比較して、それぞれ作成したエコマップの違いの理由を考えてみましょう。
③ 事例に基づき作成したエコマップを、子育て支援において、どのように生かすことができるか考えてみましょう。

評価の必要性と評価方法

① 評価の必要性

「評価」は、支援計画に基づき実践した支援の経過や成果、効果について検証するものである。これにより、支援内容の質的向上が図られるとともに、保育者自身の省察を促すことにもなり、スキルアップへとつながる。そのため、多角的な視点から多様な方法で「評価」を実施する必要がある。また、「評価」は、行っただけでよいというわけではなく、その評価から得られたことを次の支援へと反映させていかなければならない。評価結果を真摯に受けとめ、その意味について読み取り、改善に向けた具体的な取り組みを行うことが、本来的な評価の意義である。したがって、子育て支援においてもその役割は大きい。

本章において示した通り、計画・記録・評価の三者の関係性は、非常に緊密な関係にあり、どれか一つでも欠けてしまうと十分その機能を果たすことができない、往還性(おうかんせい)に富んだものである。

従来、計画・記録・評価は、それぞれを単一のものとして理解され、説明されてきた傾向が強い。個別にとらえ、内容を理解し、役割や意義、方法について十分理解することは必要不可欠なことであるが、実践の場面において独立的に用いることは効果的とは言い難い。支援は適切に記載された記録を根拠としながら、計画に基づき展開される支援に対して、問題や課題の解決をめざした厳しい評価を行う。そして、その評価をさらに記録し検証することで、次の計画をさらに磨き上げ、改善された計画に基づきさらなる支援を展開することが求められる。これは、現在さまざまな場においてその必要性がいわれているPDCAサイクル(Plan→Do→Check→Action)と同義であり、子育て支援の実践においても望ましいあり方といえるだろう。

② 評価の方法

▼さまざまな評価の方法

子育て支援が、明確な目的と意図をもって専門職によって行われる専門的行為である以上、成果として支援を通して最終的に得られた効果に対する評価(アウトカム評価)と、成果に至るまでの各展開過程についての価値に対する評価(プロセス評価)を行う必要がある。そして、より公平性をもって

精度を高める意味から、可能な範囲で多角的な複数の視点（たとえば、自己評価、組織内部やチーム内部の者による内部評価、外部の関係機関による外部評価、支援を受けた利用者により行われる当事者評価など）から評価が行われることが望ましい。

評価は、正しく記された記録を根拠として適正に行われなければならない。これにより、内容の精査や改善、質的向上、新たな社会資源の開発などが進められることとなる。

▼アウトカム評価

アウトカム評価とは、最終的な成果に関する評価である。子育て支援の終了後に、支援を通して最終的に保護者が得られた成果について評価していく。たとえば、保護者の問題の解決が図られたという解決の効果や、保護者が子育て支援を受けたことにより、最終的に有益であったかなど、これらの最終的な目標に関して達成できたかを判断する評価方法である。

▼プロセス評価

プロセス評価とは、子育て支援の過程についての評価である。計画された支援プログラムや支援内容が適切に実施されたか、計画された目標を達成できているかを確認するために行われる評価方法である。評価の結果、たとえば目標達成が難しいと判断された場合には、目標をどのように変更することが適切か、達成できない要因はなにかなどを探ることが必要となる。

実習の成功体験を自己評価する

▼ ワークのねらい ▼

　評価は、常に実践の内容を的確に振り返ることで可能となる。曖昧な振り返りでは、その評価も曖昧かつ漠然としたものとなる。計画・記録・評価という関係性から考えた場合、評価を前提とした支援を行うことで、支援の質は必然的に向上することとなり、支援の根拠となる記録もより詳細かつ精緻なものとなる。そして、これらの活動を支えるものは計画であり、計画なき実践は必ず破綻することとなる。

　このような往還的関係性について理解を深めるとともに、評価の手法について理解し、適切な成果を求めるためには、その過程が適切であることが必然であり、そのためには評価を行うことが重要であるという点について、理解を深める。また、実際に自己評価を体験することで、評価のあり方やその意義といったことに触れ、重要性を認識することをねらいとする。

ワークの進め方

① これまで実習に行った中で最も成功したと思う体験について、できるだけ具体的に書き出す。（5分）
② ①の体験は、なぜ成功したと考えたのか、その理由について自己評価してみる。（5分）
③ ②で自ら考えた理由について、それはアウトカム評価、またはプロセス評価のどちらの視点であるかを考える。その結果から、もう一方の評価視点についても同様に考える。（10分）

【時間約20分】

ワークをふりかえって

① 自己評価をよりスムーズに行うためにどのような点に留意すればよいかを考えましょう。
② 自分の評価をもとに、プロセス評価とアウトカム評価の違いについて考えてみましょう。また、両者の違いについて具体的に示してみましょう。
③ 自己評価した成功体験をさらに向上させる取り組みについて考えてみま

しょう。

【引用文献】

1）日本社会福祉実践理論学会監　米本秀仁・髙橋信行・志村健一編『事例研究・教育法―理論と実践力の向上を目指して―』川島書店　2004年　pp.128-129
2）同上書　pp.43-45
3）武田秀和他「理学療法室における患者をとりまく人間関係について：エコ・マップによる評価」日本理学療法士協会『理学療法学』第24巻1号　1997年　pp.39-44
4）湯浅典人「エコ・マップの概要とその活用：ソーシャルワーク実践における生態学・システム論的視点」日本社会福祉学会『社会福祉学』第33巻1号　1992年　pp.119-143

【参考文献】

相澤譲治・井村圭壯編『社会福祉の相談援助』久美出版　2012年
杉本敏夫・豊田志保編『相談援助論』保育出版社　2011年
小林育子『演習　保育相談支援〈第2版〉』萌文書林　2013年

第6章　保護者との信頼関係の構築

トシ先生　保育者が子育て支援を行ううえでの前提条件は何だと思いますか？
みらいさん　う〜ん、前提条件ですか…。むずかしい…。
トシ先生　たとえば、みらいさんが何か困ったことがあったときは、どんな人に相談しますか？
みらいさん　やっぱり、親身に話を聞いてくれるとか、困りごとを打ち明けても他の人に話さないとか…。
トシ先生　つまり、信用・信頼できる人ですよね。子育て支援においても同じです。保育者と保護者の間に信頼関係がなければ、保護者も保育者に相談したいとは思いませんし、こちらから何かを尋ねても本当のことを話してはくれませんよね。
みらいさん　信頼関係を築くところから、支援が展開されるということですね。
トシ先生　そうです。保育者と保護者の場合は、子どもの保育を通して、ある程度関係が築けていると思います。しかし、保護者の側から見ると「お世話になっている」とか「子どもを見てもらっているので、何か要望があっても言いにくい」など、ちょっと引け目を感じている部分があるかもしれません。これらのことをふまえたうえで、保護者の目線に合わせて、対等な関係での信頼関係を構築することが求められます。
みらいさん　なるほど。では、プライベートでの信頼関係と、専門職としての信頼関係に違いはあるのでしょうか？
トシ先生　いい質問ですね！　プライベートではある程度相手を選ぶことができますが、保育者などの専門職はそうはいきません。ですから、利用者の誰に対しても、支援における原理・原則に基づいた対応が求められるのです。また、保護者の話に親身になって耳を傾ける「傾聴」の姿勢も大切です。それには、ただ一生懸命に話を聞くだけではなく、話を聞く「技術」を身につける必要があります。
みらいさん　話を聞くだけでも、技術が必要なんですね。いろいろなテキストに信頼関係が大切だと書かれていますが、実際にどのようにして保護者に対応すればよいのか、まだ、よくわかりません。ここでしっかりその方法を学んでいきたいと思います。

保育者と保護者の間における信頼関係とは

① 信頼関係（ラポール）に基づいた人間関係とは

▼ラポールとは

　保育者が保護者と信頼関係を築くには、長い時間が必要だというイメージがある。それは、お互いの価値観やモノのとらえ方、育ってきた環境やその影響などを理解し、わかり合うのに時間が必要だと思われるからである。

　信頼関係には、「トラスト（Trust）」と「ラポール（Rapport）」の2種類がある。「トラスト」とは、前述したような信頼関係で、長い時間をかけて築かれる、お互いがお互いを深く理解し信頼する関係をいう。一方、「ラポール」とは、初対面の人や出会って間もない人に対して親近感をもつこと、「この人とは気が合いそうだ」などと思うことをいう。また、ラポールは、お互いを信頼し合い、安心して自分の思うように振る舞ったり、感情を表したりできる関係が築かれている状態をいう。

　したがって、子育て支援では、まずは保護者との間にラポールを築くことが必要となる。トラストを築くためにラポールは欠かせない。この関係を基本として子育て支援が行われる必要がある。お互いが和やかに、心が通じ合った状態でかかわり合っていくことで、保護者は自然と話したいことを話せるようになり、保育者に安心感を覚えるようになる。子育て支援にとって、この安心感は重要な要素の一つである。

▼子育て支援における保育者と保護者の関係性

　安心感のある関係性の中で子育て支援を受けることで、保護者の心が穏やかになったり、失った自信や自分自身で問題解決に取り組んでいく力を取り戻したりすることができる。ここで忘れてはいけないことは、支援する側（保育者）と受ける側（保護者）の関係が常に対等でなければならないことである。ともすれば、子育て支援の現場では、保育者の立場のほうが保護者より優位になってしまうことがある。このような関係を「ワンアップ・ポジション」（一つ上のポジション）という。

　保護者を支援する際は、ラポールに基づいた温かい関係を築き、保護者が自らの力で問題を解決できるようになるまでを支援することが基本である。保育者が保護者に代わって問題を解決するものではない。子育て支援では、保育者と保護者がともに問題解決に向けた作業を行っていくという視点が常に必要となってくる。そこで、保護者を「自分自身の問題を解決する力のあ

る人」「これから問題解決に向けてともにがんばっていく人」というように常に信頼し、肯定的に評価する姿勢をもつことが保育者に求められる。

② 保護者との信頼関係を築く保育者の基本的態度の原則

　子育て支援を実践するうえで、ケースワークの基本的態度の原則として最も有名な「バイスティックの7原則」の考え方を参考にすることができる。これは、アメリカのバイスティック（F.P. Biestek）が提唱したもので、ケースワークにおいて援助者に求められる基本的かつ重要な姿勢を掲げている。

　「バイスティックの7原則」の特徴は、7つの原則の源泉が人間の基本的欲求に根ざしていることである。これはもちろん子育て支援にも当てはめることができる。保育者は、この7つの原則が最大限に生かされるように子育て支援を展開しなければならない。ここでは、子育て支援の観点から説明していく。

▼子どもや保護者を固有な個人としてとらえる（個別化の原則）

　人は誰でも個人として大切に扱ってほしいという思いがある。保護者一人ひとりに対しても一人の人間として尊重し、その人格を認め、理解することが必要となる。そのような態度で接することによって、保護者の中に自分の価値や個性を再認識する心が芽生え、自分自身の抱える問題を自分自身で解決する力が生まれることにつながる。また、一人ひとりはそれぞれ違った人間であり、置かれている環境や抱えている問題も違うということを理解しなければならない。たとえ同じように思える問題（子育ての悩みや家族関係の悩みなど）についても、保護者が抱える事情は独自のものであり、その人に応じた意味のある支援を行う必要がある。この原則には、一人の人を独自の個人として徹底的に尊重するという、社会福祉にとって最も重要な考え方が表れている。

▼子どもや保護者の感情表現を大切にする（意図的な感情表出の原則）

　人は誰でも自分の素直な感情や考えを表したいという思いがある。それは、社会生活の中で感情を抑えこんでしまう傾向をもっているからである。特に怒りや不安、悲しみなどの否定的でネガティブな感情ほど表現するのは難しく、心の中に抑圧されやすい。問題を抱えて悩んでいる保護者はさまざまな思いを心の中に抑えこんでいることが多い。しかし、あまりに抑圧が大きいと心理的な混乱を引き起こすこととなる。そこで保護者の表現した考えや感情を受け入れ、分かち合い、より自由に自分の思いを表現できるように支援することが必要となる。そのような支援によって、保護者の中に抑圧されて

いた感情が表に出され、心理的な混乱が解かれる。そして、どんなに否定的でネガティブな感情を表現しても、すべて受け入れられるという経験の積み重ねが、保護者の心の中に安心感を生むことになる。

▼**保育者は自分の感情を自覚して吟味する（統制された情緒的関与の原則）**

人は誰でも親身になって受け答えをしてほしいという思いがある。そこで保護者の表現した感情を受けとめ、共感的に理解することが必要となってくる。ただし、保護者の感情に巻き込まれたり、個人的な感情を子育て支援の場に持ち込んだりしてはいけない。常に自分の感情をコントロールし、効果的に支援を進めていくために、保護者の感情に意図的かつ適切にかかわることが求められる。そのため、保護者のもつ感情に敏感に反応したり、危機的状況下における人間の反応の仕方などに対する知識を身につけたりすることが重要となってくる。

▼**子どもや保護者のあるがままの姿を受けとめる（受容の原則）**

人は誰でも価値ある人間として認めてもらいたいという思いがある。そこで保護者の抱える問題を表面的にではなく、問題を抱えるに至ったその人なりの事情や生き方などを含めて、感情的にも受け入れていくことが求められる。保護者のありのままの気持ちや考え方などを肯定的に認める姿勢が必要なのである。保護者の存在をそのまま無条件に受け入れることで、保護者との信頼の基盤を築くことができる。また、受容される経験は、保護者が自分自身が受け入れていく「自己受容」[*1]にもつながっていく。受容は人間を尊重するという社会福祉の基本的価値を表しており、保護者を一人の人間として大切にし、また価値ある人として尊重して支援することの重要性を示している。

*1　自己受容
自分の嫌いな部分も、よい部分も含めて、ありのままの姿を認め、受け入れること。

▼**子どもや保護者を一方的に非難しない（非審判的態度の原則）**

人は誰でも他者から責められたり、裁かれたりしたくないという思いがある。特に問題を抱え悩んでいる保護者は、自分の抱えている問題について罪悪感や裁かれることに対する恐怖感を覚えていたりすることが多い。そこで自分の価値観や倫理的判断で、保護者の行動や態度を批判したり、常識や自分の考えなどを押しつけたりしない態度が必要となる。非審判的態度で臨むことで、保護者のもつ罪悪感や恐怖感などを軽減することができる。こうした非審判的態度を培うためには、自己覚知がとても重要になってくる。

▼**子どもや保護者の自己決定を促して尊重する（自己決定の原則）**

人は誰でも自分で選択し、決定したいという思いがある。そこで保護者の希望や選択を尊重し、それを最大限に生かせる決定ができるよう支援することが必要となる。保護者は、自分の問題や生活について自分で判断し、選択・

第6章　保護者との信頼関係の構築

決定する自由と権利をもっている。

　ここで大切なのは、保護者が自分で問題を解決する力を信頼し、その力で自分のなすべきことを決定し行動できるように側面から支援することである。前述したが、子育て支援の場面では、保護者との信頼関係に基づいた関係を築き、保護者が自らの力で問題を解決できるよう支援することが基本であり、保育者が保護者に代わって問題を解決するものではない。保護者はあくまで自分自身の問題に自分自身で取り組み、それを解決し、さまざまな決定を行っていくという自覚をもつことが重要となってくる。この原則は、そういった自覚を促し、主体的な問題の解決を図る保護者の基本的な態度を示す。

▼子どもや保護者の秘密を保持して信頼関係を醸成する（秘密保持の原則）
　人は誰でも自分の秘密を守りたいという思いがある。そのため保育者は職務上知り得た保護者のプライバシーや秘密を守り、他者にもらさないことが必要となる。また、支援の際に必要があって、情報を他者に開示する場合には、保護者の同意を得なければならない。保護者の話した内容や保護者やその家庭などに関する情報について秘密を守り、決して他者にもらさないことは最低限守らなければならない職業倫理である。そして、専門職として保護者との信頼関係を築くうえでも必要不可欠である。秘密保持が守られることで、保護者は安心して心の中にあるさまざまな話をすることができる。

保育者の基本的態度に則した保護者への応答

> ▼ ワークのねらい ▼
>
> 保育場面における保護者との面談場面では、先に説明した子育て支援における保育者の基本的態度の原則に則った価値や倫理を根底において行うことが重要である。このワークでは、子育て支援において必要とされる基本的な考え方や原則に照らした保護者への応答を考えること通して、保育者における価値や倫理について体験的に理解し、保護者との信頼関係を構築する対応の仕方を学ぶことをねらいとする。
>
> 保護者に対しては、ただ自分の考えや思いだけで応答するのでなく、保育者の立場からの子育て支援が必要である。しかし、倫理的問題を多分に含むケースにおいては、保護者の言葉や立場を受容したり、共感的理解を示したりすることが難しくなる。それは、つい自分の価値観や倫理に基づいて考えてしまい、保護者の言動や態度を肯定的に受けとることができなくなるからである。
>
> ここでは、虐待が疑われるケースにおける保護者との応答をケースワークの原理や原則に照らして考えることで、自分の価値観や倫理によって自由に応答できる私的な相談場面と、専門職として保護者の相談を受ける場面の違いを理解してもらいたい。

■ ワークの進め方

① 5人1組のグループをつくる。
② 次の相談事例を読み、空欄①〜④にあてはまる応答と、そう考えた理由をワークシート「保護者への応答」の【自分の考え】欄に記入する。
（10分）
③ グループ内でそれぞれが自分の考えた応答と、なぜそのように考えたのかについて発表する。（5分）
④ グループで司会者、書記、発表者を決め、ディスカッションを行い、最終的な応答を完成させ、【グループの考え】欄に記入する。（15分）
⑤ クラス全体でそれぞれの考えた応答となぜそのように考えたかについて発表しあう。（15分）

【時間約45分】

第6章 保護者との信頼関係の構築

相談事例

母親：私、子どもがかわいいと思えないんです。言うことを聞かないし、なにかというとスーパーや図書館でもところ構わず、すぐ大声で泣いて本当嫌になってしまって。

保育士：①

母親：最近、何を言っても「いや」ばかりで、イライラしてしまうんです。それで、先日、また「いや」がはじまったときに思わず平手で子どもの顔を何回もたたいてしまって。

保育士：②

母親：子どもが生まれるまでは、とても楽しかったんです。妊娠がわかったときもとても嬉しくて…。今では、そんな気持ちが嘘のようです。ただ、子育てが苦しくて、子どもを見ていると"この子さえいなければ…"と思ってしまうんです。

保育士：③

母親：なんで、私ばかりがこんなつらい目にあわなければいけないんですか。他の子はいつもにこにこして、かわいくて、お母さんたちも楽しそうなのに…。

保育士：④

💡 ワークをふりかえって

① ケースワークにおける保育者の基本的態度の原則に基づいた応答はできましたか。自分の応答について、それぞれ考えてみましょう。

② 自分の考え方や価値観に基づいた応答と保育者としての考え方や価値観に基づいた応答には違いがありましたか。それは、どのような違いでしたか。

③ 問題を抱える保護者との子育て支援の中で、保護者の考え方や立場を共感的に理解して受容し、信頼関係を築く対応をすることはできましたか。「バイスティックの7原則」に照らし合わせて検討してみましょう。

年   月   日（　）第（　）限　学籍番号_____　氏名_____

ワークシート「保護者への応答」

　相談事例の①〜④に入る応答を考え、なぜそのように考えたのか、理由もあわせて記入してください。

【自分の考え】

①の応答	
応答の理由	
②の応答	
応答の理由	
③の応答	
応答の理由	
④の応答	
応答の理由	

【グループの考え】

①の応答	
応答の理由	
②の応答	
応答の理由	
③の応答	
応答の理由	
④の応答	
応答の理由	

信頼関係を築く受容と共感的理解

① 保護者との信頼関係を築く傾聴の姿勢

　前述の通り、人は誰でも価値ある人間として認めてもらいたいと思っているし、親身になって受け答えをしてほしいと思っている。そのような人間の基本的欲求に根ざした気持ちを受容しながら保護者とかかわっていくことが、保護者との信頼関係を築くために必要となってくる。そこで保護者との会話や面接において重要なことは、保護者の話に積極的に関心をもって心を込めて聴くという「傾聴」の実践である。「傾聴」は、面接の場面のコミュニケーションやかかわり方の基本動作として最も基本的で欠かせない技術の一つである。

　子育て支援において、保育者は保護者の相談に心から耳を傾けることによって、保護者は「この人なら話を親身になって聴いてもらえる」と感じ、「もっと話したい、もっと聴いてもらいたい」という気持ちになる。そして「傾聴」は、ただ話を聴くだけではなく、「話を聴いている」あるいは「あなたのことを受容している」ということを保護者に伝えることも含んでいる。これこそが信頼関係を築く第一歩となる。

　「傾聴」していることを非言語的コミュニケーション（ノンバーバル・コミュニケーション）で伝え、保護者に子育て支援を受けることに安心してもらうためのコミュニケーションの基本動作を、イーガン（G. Egan）は「SOLER」という5つのポイントでまとめている。このような動作をすることで、自分が相手に十分に関心があり、話す内容についても共感的に理解しようとしていることを自然に伝えることができるとしている。

▼SOLER理論
・S（Squarely）：保護者とまっすぐに向き合うこと。これは気持ちのうえでも真摯に向き合うことを示している。一緒に問題を解決する気持ちがあることを伝える。
・O（Open）：保護者に対してオープン（胸を張った）な姿勢を取ること。保護者を受け入れていることを伝える。
・L（Lean）：話の重要だと思われる場面で、保護者の方へ上体を少し傾ける姿勢を取ること。集中して話を聴いていることを伝える。
・E（Eye Contact）：保護者と適度に目を合わせること。相手に関心を寄せていることを伝える。

・R(Relaxed):適度にリラックスして話を聴くこと。保護者をリラックスさせ、子育て支援に自信があることを伝える。

② 保護者との信頼関係を築くカウンセリングの基本姿勢

アメリカの臨床心理学者のロジャース(C.R. Rogers)は、カウンセリングの基本的な援助の姿勢として「無条件の積極的関心」「共感的理解」「純粋性・自己一致」をあげている。これは、保育現場で子育て支援を行う際にも重要な考え方である。ここでは、このカウンセリングの基本的な援助の姿勢を子育て支援に応用した形で説明する。

▼無条件の積極的関心

保育者は、保護者が自由な話題で話すことを保証し、ありのままの感情表現・態度表明・価値観の宣言などを無条件に包容的な雰囲気で受容するように努めなければならない。このために、基本的に保護者の話の内容、感情、社会に対する姿勢、人生についての価値観のすべてを肯定的にとらえて尊重していくことが大切である。話の内容や感情表現、価値観について批判したり指導したりせず、保護者が伝えたい、訴えたいとしていることを積極的に傾聴して、その内容に最大限に共感するように努力することが必要である。「話したいことを自由に話すことのできる安心した環境」と「批判されることなく、自分の話や人格などを受け入れてもらえる信頼できる人間関係」を整えることで、共感的な温かい雰囲気の中で、抱えている問題について正直に話し合う関係が構築され、そのことによって保護者の抱える問題を保護者自らが解決しようとする力を高めることができる。

▼共感的理解

保育者は、保護者の立場に立って、保護者の抱える感情を共感的に理解するように努めなければならない。人は、共感的で深く信頼できる人間関係や生活環境の下にあると適応的なよい方向へと変わっていく力(実現傾向)を潜在的にもっているという前提に立つからである。この力によって、心理的な問題や不適応などの原因を自分自身で解決することができるのである。そこで、保護者の抱える不安や恐怖といった強烈な感情に共感を示すことによって、保護者の苦しみや悲しみが自分自身のもつ実現傾向によって緩和される。また、保護者と悩みや問題を共有しようとすることで、保護者の気持ちを体感的に理解することができる。ただし、人は他者の心の内を完全に理解することはできない。そのことをしっかりと認識したうえで、保護者の感情の渦に飲みこまれないように、あくまで冷静に対応する姿勢が求められる。

▼純粋性・自己一致

　保育者は、ありのままの一人の人間としての「純粋性」をもって、保護者と向き合うことに努めなければならない。専門職としての自分を意識して権威的に振る舞うのではなく、対等な一人の人間として保護者と率直な対話を行うことが必要である。また、「自己一致」とは、「自分がどのような人間なのか」という自己概念と実際の自分の姿（認知や感情、行動など）が一致していることをいう。つまり、保育者自身が自分であることに苦痛を感じていない健全な心理状態であることが大切なのである。保護者は、悩みを抱えてくるので、自分のことが自分でわからなくなる自己不一致（自己疎外）な状態でいることが多い。保護者は保育者とのやりとりの中で、徐々に本来の自分自身に戻っていくことがある。また、保育者には、自分の中にある同情と共感の違いをはっきり自覚できるような力が求められてくる。

ワーク 2　面談の基本姿勢・態度と子育て支援

> ▼ **ワークのねらい** ▼
>
> 　保護者との信頼関係を築くには、言葉でのやりとりも大切だが、「あなたの話をしっかり聞いている」「あなたを理解しようとしている」といったメッセージを非言語的コミュニケーションで伝えていくことも重要である。たとえば、表情一つ変えずに話を聞いている保育者がいたら、おそらく保護者は親身になって相談にのってくれているとは感じないであろう。穏やかな表情や真剣に話を聞く姿勢を示すことで、保護者は安心感をもって子育て支援を受け入れることができる。このように子育て支援は、言葉のみで成立するものではない。
>
> 　そこで、このワークでは、保育者の姿勢や態度が、保護者に与える印象についてロールプレイングを通して体験的に理解していくことをねらいとする。「SOLER」のような簡単な動作でも効果的に積極的に傾聴をしようとしている姿勢を保護者に印象づけ、安心感をもってもらうことができる。その反面、なにげない、いつもの癖や仕草が保護者に話しづらさや不安感を抱かせることになっているかもしれない。ここでは、自分のいつも取りがちな仕草や態度を振り返りつつ、保育者として信頼を得られるような面談の基本姿勢・態度をロールプレイングを通して検証していく。

■ ワークの進め方

① 2人1組になって向かい合い、次の②～⑦の態度で会話をする（話題は何でもよい）。

② 相手に対して、体を斜めに向け、顔だけ相手のほうを向けて話を聞く。これを1分ずつ交代で行う。その後、「Squarely」の姿勢で話を聞く。これも1分ずつ交代で行う。そして、それぞれどのような印象を受けたかを話し合う。　　　　　　　　　　　　　　　　　　　　　　　　　　　　（5分）

③ 相手に対して、体を正面に向け、少し前かがみになって、肩をすぼめるようにして話を聞く。これを1分ずつ交代で行う。その後、「Open」の姿勢で話を聞く。そして、それぞれどのような印象を受けたかを話し合う。
（5分）

④ 相手に対して、体を正面に向け、上体を少しそらした姿勢で話を聞く。これを1分ずつ交代で行う。その後、「Lean」の姿勢で話を聞く。これを1分ずつ交代で行う。そして、それぞれどのような印象を受けたかを話し合う。　　　　　　　　　　　　　　　　　　　　　　　　　　　　　　（5分）

⑤ 相手に対して、体を正面に向け、視線をそらして話を聞く。これを1分ずつ交代で行う。その後、「Eye Contact」の姿勢で話を聞く。これを1分ずつ交代で行う。そして、それぞれどのような印象を受けたかを話し合う。
（5分）

⑥ 相手に対して、体を正面に向け、無表情で、体を固くして話を聞く。これを1分ずつ交代で行う。その後、「Relaxed」の姿勢で話を聞く。これを1分交代ずつ行う。その後、どのような印象を受けたかを話し合う。
（5分）

⑦ 相手に対して、「SOLER」の姿勢を取り、穏やかな表情で時々うなずきながら話を聞く。これを1分ずつ交代で行う。その後、どのような印象を受けたかを話し合う。　　　　　　　　　　　　　　　　　　　　　　　　　　　　（5分）

⑧ それぞれの姿勢で話をしたときの印象や感じたことをふりかえってみる。また、お互いの話を聞くときのくせ（髪を触る、視線が強いなど）についても気づいたことがあれば、アドバイスし合う。　　　（10分）

【時間約40分】

🔍 ワークをふりかえって

① 体の向きや姿勢で話しやすさにどのような変化がありましたか。

② 面談を行う際に自分自身で気をつけなければならないこととして、ど

ようなことがありましたか。
③　保育者が保護者に安心感をもってもらえる基本的態度としての「SOLER」をどのように実感しましたか。また、面談時に「SOLER」の姿勢や態度のほかにどのような工夫が必要かを考えてみましょう。

【参考文献】
山田容『ワークブック社会福祉援助技術演習①　対人援助の基礎』ミネルヴァ書房　2003年
山辺朗子『ワークブック社会福祉援助技術演習②　個人とのソーシャルワーク』ミネルヴァ書房　2003年
川村隆彦『価値と倫理を根底に置いたソーシャルワーク演習』中央法規　2004年
前田敏雄監　佐藤伸隆・中西遍彦編『学ぶ・わかる・みえる　シリーズ保育と現代社会　演習・保育と相談援助［第2版］』みらい　2014年
橋本好市・宮田徹編『学ぶ・わかる・みえる　シリーズ保育と現代社会　保育と社会福祉［第2版］』みらい　2015年
笠師千恵・小橋明子『相談援助　保育相談支援』中山書店　2014年
吉田眞理『生活事例からはじめる保育相談支援』青踏社　2011年

第7章 保護者の理解とかかわり方

トシ先生 ここでは、保育者が保護者の養育力を高める専門的なかかわり方を学んでいきます。

みらいさん 養育力を高めるかかわり方とはどういうことですか？

トシ先生 まずは、保育者が保護者にとって子育てのパートナーであることを自覚したうえで、たとえば保護者との会話において、自分の価値観と違っていたり、社会常識とのズレを感じたり、否定的な感情をもったとしても「この人にとってはこのように感じられるのだな」というように、その人なりのとらえ方を理解しようとする努力をして、まずは受けとめながら信頼関係を築き、適切なアドバイスにつなげていく方法を学んでいきます。

みらいさん なるほど。自分の価値観などで決めつけないで、専門職としての対応をするということですね。

トシ先生 そうはいっても、簡単なことではありませんからね。みらいさんは、すぐ顔に出るタイプですし（笑）。

みらいさん バレていましたか…。

トシ先生 実際にロールプレイングで体感してもらいますから、自分のそういう「くせ」があることにも気づいてくださいね。それは、専門職となるうえで、自分自身を知る「自己覚知」として大切なことです。

みらいさん わかりました。自分自身の心の動きにも気をつけてみます。

トシ先生 具体的には、面談のロールプレイングをしたり、「リフレーミング」といって、保護者が否定的にとらえていることも、できるだけ肯定的に表現する方法を実践してみましょう。そうすることで、保護者は「否定的な自分」「何もできない自分」から「自分を肯定的にとらえること」「自分の強みを知ること」につながっていきます。これは、「エンパワーメント」の要素となります。

みらいさん つまり、そのエンパワーメントが保護者の養育力を高めるキーワードってことですね？

トシ先生 その通りです。では、はじめていきましょう。

保護者の思いに気づく、保護者を理解する

① 子育てのパートナーとしての保育者

　保育者は、保護者にとって子どもの成長・発達をともに支えていく、子育てのパートナーでもある。

　保育者と保護者がしっかりとコミュニケーションを取り合い、お互いの保育や子育てについての考え方を理解し、協力しあうことによって、子どもの成長の基盤が安定し、子どもは安心して成長していくことができる。

　保育者は、保育を通して子どもへの直接の援助を行う。また、保育者としての専門性を発揮しながら、保護者の子育てを支援していく役割がある。

　では、保育者としての専門性とは何だろうか。

　保育者は、子どもの発達や生活、遊びについての知識や技術および判断について学んできている。また、子どもの行動や表情、言葉から、子どもの気持ちをくみ取ることを身につけている。

　保育者として習得したこれらの知識や技術、判断を保護者に伝えながら、子どもと楽しく適切にかかわり生活していけるように、保育者は保護者を支えていかなければならない。

② 保護者の養育者としての成長を支える

▼養育者として成長するということは

　保護者が養育者として成長するということは、具体的には、子どもとの情緒的な絆が確かなものになること、子どもの視点からも物事を考えられるようになること、子どもの成長に合わせた生活ができるようになることなどがあげられる。

　保護者はこれらのことを自然にできるようになるわけではない。子どもとの日々の生活で、子どもが喜んだことや子どもとのかかわりがうまくいかないと感じたことなど、さまざまな経験をきっかけとして学んでいく。保育者は保育の専門性を活用して、保護者の成長を支援することができるのである。

▼保護者の成長を支える3ステップ

① 第1ステップ

　まず、保護者をねぎらおう。「よく来てくださいました」「よく話してくださいました」「よくやっていらっしゃいますね」などの言葉をかけよう。

② 第2ステップ

保護者が、どのような気持ちで子育てをしているか、子どものことをどう思っているか、保護者の気持ちを理解しよう。それは、保護者との信頼関係を築くことにもつながる。

③ 第3ステップ

少しずつ、それぞれの親子や家庭の様子に応じた子どもとのかかわり方の工夫や子育てに必要な知識や技術を伝えていく。

③ 保護者の子育てや家庭生活についての思いに気づく

子どもの話題を通して、保護者の子どもへの思い、家族への思い、保護者自身の生き方への思いをくみ取るよう心がけよう。

保護者のさまざまな思いの延長線上にある子育てに対する思いに気づき、それを保護者と保育者が共有することで、よりよい子育てのパートナーとして協力していけるだろう。

▼気づくこと、決めつけないこと

保護者に「○○ちゃんのおかあさん（おとうさん）」と呼びかける時、気づかないうちに一般的な保護者のイメージや、あるタイプの保護者のイメージに当てはめて、その保護者を見ているかもしれない。保護者は、一人ひとり個性があり、それぞれの人生を歩んでいる個人である。

まず、「○○さん」と保護者の氏名を呼びかけることからはじめよう。「保護者ならこう考えるはず」「保護者ならこうするべきだ」という決めつけはしない。「○○さんはどう思っているのだろう」と、一から学ぶつもりで保護者と出会おう。

▼肯定性の原理

肯定性の原理とは、「人間の存在の仕方を、状況において、今、ここで活動している（かかわっている）あり方として、肯定的にとらえる原理」[1]である。まず、今のその人のありようを認める、ということである。

保護者と話していて、「もっとこうすればいいのに」と気づくこともあるだろう。そのときには、「今、このようにできていない」とマイナスにとらえるのではなく、「今はここまでできている。この先でこのようにできるとさらによい」とプラスで考えていこう。

また、相手を励ますつもりで「でも、前よりよくなりましたね」と発言することは、間接的に「過去の状態は悪かった」と否定していることである。同様に、ほめているつもりの言葉、「○○さんよりもいいですよ」といった

発言は、間接的に〇〇さんを否定していることになる。

まずは、「でも……」という否定の言葉を使わずに会話をしてみよう。

▼保護者の思いや考えが自分の価値判断と違ったときの受け答え

保護者の思いや考えが自分の価値判断とは違う場合には、まず「受けとめる」ことを心がける。「受けとめる」とは、相手の思いを誠実に聞き、善悪の判断や賛否については保留にすることである。ただし、肯定的に話を聞くことは、相手の言うことに賛同することではない。

まず、保護者の言葉を繰り返しながら、「～と感じられるのですね」と受けとめる。その後に一呼吸おいて、「こういう考え方もあるかもしれません」と別の見方、考え方を伝えるのである。

▼保護者の行動が、保育者からは適切でないと感じられた場合

「子どもを思わずたたいてしまいました」など、保護者の行動が保育には適切でないと感じられる発言があった場合は、それに対して、あわてて「それはいけません」などの一方的な価値判断は口にしないように心がける。

まず、「そうですか。それは大変な思いをされましたね」と保護者の何ともしがたい思いやつらさを受けとめる。そして、「このようなとき、どうしたらよいか、一緒に考えてみましょう」と仕切り直しをする。

その後、どのような状況であったのか、保護者はどのような気持ちだったのか、子どもとしてはどのような思いであったのかを順に検討していく。そして、改めてより適切なかかわり方について保護者と考えてみるようにする。

保護者との面談のロールプレイング

▼ ワークのねらい ▼

このワークでは、①さまざまな保護者の思いを「受けとめる」こと、②素の自分の思いや考えをストレートに発言するのではなく、「保育者」としての発言であることを意識して発信することの2点を体験してみよう。

■ワークの進め方

① 「年度はじめに担任保育者が保護者と面談をする」という設定で、面談場面のロールプレイングをする。家庭の様子、子どもの近況を聞きながら、

保護者の思いをくみ取ってみよう。2人1組となり、保育者役と保護者役とし、役割交代して、2場面行う。保育者役は、保護者の話を聞きながら、その思いを受けとめよう。そのとき、「でも…」などと否定しないことを心がけよう。　　　　　　　　　　　　　　　　　　　　　　（5分）

② 各自、保護者役としての設定をワークシート「『年度初めの個人面談』ロールプレイング」の〈保護者役用〉に記入する。なお、名前や家族状況の設定については、架空のものとし、実在の設定をそのままロールプレイングに持ち込まないようにする。　　　　　　　　　　　　　　　（5分）

③ どちらが保育者役を先にするかを決める。

④ ロールプレイング1回目

保護者役は保育者役に子どもの名前、年齢、性別を伝える。その他の細かい設定は、ロールプレイング前には伝えず、保護者との会話の中で、保育者が必要と思う情報を聞き取る。保育者役は、保護者と出会うところから話をはじめる。　　　　　　　　　　　　　　　　　　　　　　　　（10分）

〈面談のはじめ方の例〉

「こんにちは、○○さん。今日はよくいらっしゃいました。今年度担任の△△です。家庭でのお子さんの様子と○○さんの保育についてのご希望などをお聞かせください」と切り出す。

⑤ ワークシート「『年度初めの個人面談』ロールプレイング：振り返り」に、保育者役、保護者役それぞれの感想を記入する。　　　　　（5分）

⑥ 記入後、保育者役と保護者役で感想を伝え合う。

保育者役：どのように、保護者の思いを想像したかを保護者に伝える。

保護者役：特に何を伝えたかったかを保育者役にフィードバックする。

（5分）

⑦ ロールプレイング2回目

役割を交代し、④〜⑥と同じ要領で行う。　　　　　　　（20分）

【時間約50分】

　　　　　　年　月　日（　）第（　）限　学籍番号_____　氏名_____

ワークシート「『年度初めの個人面談』ロールプレイング」
<保護者役用>

役割設定
●子ども　　　氏名（　　　　　　　　　）　歳　か月（男・女）
●来談した保護者　氏名（　　　　　　　　）　（父・母・その他（　　　））
●家族構成（子どもから見た続柄）※設定する家族に○をつける。 　　父　母　兄（　歳）　姉（　歳）弟（　歳）妹（　歳） 　　父方祖父　父方祖母　母方祖父　母方祖母 　　その他（　　　　　　　　　）
●家庭の状況　※設定する家庭状況に○をつける。 ・育児方針が家族の中で一致しているか？ 　　　　　　　　　　＜している　少ししている　していない＞ ・家族の人間関係は？ 　　　　　　　　　　＜とてもよい　まあよい　あまりよくない＞ ・経済的ゆとりは？ 　　　　　　　　　　＜ゆとりがある　あまりない　かなり苦しい＞ ・就労状況は？ 　　　　　　　　　　＜安定している　不安定である　休職中　求職中＞ ・家事へのサポートは？ 　　　　　　　　　　＜とてもある　少しある　あまりない　全くない＞ ・育児のサポートは？ 　　　　　　　　　　＜とてもある　少しある　あまりない　全くない＞ ・相談できる相手は？ 　　父母・祖父母・おじおば・父母の友人・かかりつけ医・保育者・ 　　その他（　　　　　　　　　）・いない

★保育者に面談で伝えたいこと （子どもへの思い、子育ての悩み、保育者への要望など）

第7章　保護者の理解とかかわり方

年　月　日（　）第（　）限　学籍番号＿＿＿＿＿＿＿　氏名＿＿＿＿＿＿＿＿

ワークシート「『年度初めの個人面談』ロールプレイング：振り返り」

★面談から感じたこと：保育者役

★面談から感じたこと：保護者役

💡 ワークをふりかえって

① 保育者役のとき、保護者が伝えたいと思ったことをどのくらいキャッチすることができましたか。保護者役が伝えたいと考えた内容と保育者役が受け取った内容を照らし合わせて、当てはまるものに○をつけて、その理由を書いてみましょう。

〔よくできた・ある程度できた・少しできた・あまりできなかった〕

★そのように考えた理由：

....
....
....
....
....

② 保育者役のとき、どのような話題にも落ち着いて、よい悪いと価値判断を口にしないで、保護者の発言を受けとめることができましたか。当てはまるものに○をつけて、その理由を書いてみましょう。

〔よくできた・ある程度できた・少しできた・あまりできなかった〕

★そのように考えた理由

....
....
....
....
....

③ 保育者役のとき、保護者へ発言をするときに、一個人としての感想でなく、「保育者としてのコメント」であることを意識して言葉を選ぶことができましたか。当てはまるものに○をつけて、その理由を書いてみましょう。

〔よくできた・ある程度できた・少しできた・あまりできなかった〕

★そのように考えた理由

_____
_____
_____
_____
_____

保護者をエンパワーメントする

① 子どもや保護者の今できていることを見つけて増やす

　エンパワーメントとは、保護者が本来もっている主体性や能力、意欲、自信を取り戻し、その力を発揮できるように、社会的、心理的に支援することである。保護者の中にある力をエンパワーメントする第一歩は、現在の状況を肯定的にとらえ直すことからはじまる。

　子どもは、自分の気持ちを行動や言葉、表情に素直に表現できずにいることが多い。保育者は、そのような子どもの気持ちを保護者に伝える橋渡しの役割を担う。子どもの理解が深まると、子どもに対する適切なかかわり方を見出すことができる。

　また、保護者が、自分は何もできていない、と否定的に感じていることもある。その状態を、視点を変えて意義のあることとしてとらえて（リフレーミング）伝える。それにより、保護者が自信を得て、新たな視点から工夫しながら子育てに向かうことができる。

▼リフレーミング

　リフレーミングとは、「ある行動や関係などの意味を再変換すること」[2]

である。たとえば、保護者が困ったと感じている子どもの行動、保護者自身のことについて、異なる視点からとらえ直し、表現方法を工夫するなどのかかわり方である。特に、肯定的にとらえ直すことによって、新たなかかわりの可能性を発見するきっかけとなる。

実践例1）子どもについてのコメントをリフレーミングする

「上の子どもは、赤ちゃん返りをして、母親べったりで手がかかるんです」

「上のお子さんは、おかあさんのことが大好きでかまってもらいたいのですね」

実践例2）保護者の行動をリフレーミングする

「子どもがぐずってまとわりつくと、家事も何もかも進まず、イライラしてしまいます」

「家の中の仕事をなんとか片付けようと、がんばっていらっしゃるのですね」

▼子どもの思いを代弁しながら保護者のできていることを伝える

　保護者が今できていることを見つけて、伝える。「ダメ」なところばかりに目がいったとしても、必ず何かできていることがある。たとえば、今日来てくれたこと、子どもがかわいくないと言いながら子どものことを気にかけていることなどである。

実践例1）

「親御さんと手をつないで歩いているとき、○○ちゃんは嬉しそうですね」など、子どもの思いを代弁しながら保護者のかかわり方についてフィードバックする。

実践例2）

送迎の場面や保護者会、連絡帳などで、「こういうかかわり方は、子どもたちにとってとても嬉しいようです」と伝えて、保護者がなにげなく行っているかかわり方を強調し、保護者の印象に残るようにする。

第7章　保護者の理解とかかわり方

② 新しいかかわり方へのヒントを探す

▼かかわりのかたち

　子どもとのかかわり方に困難さを感じている場合、そこにどのような関係が展開しているのかが理解できると、関係発展に向けての打開策が考えられるようになる（図7-1）。

　一者関係型[*1]とは、ある人が指示する通りに他の人たちが動くというような関係である。保護者や保育者の指示に従って子どもが行動する、子どもの要求通りに周りの人が行動するなどの例があげられる。

　二者関係型とは、二方からのやり取りでコミュニケーションが進むが、綱引きのように発言力が強いほうにもう一方が従うというようなかかわり方である。この間はAがBに譲ったから、今度はAにBが我慢して譲るなどの例があげられる。

　三者関係型とは、二方からのやり取りでコミュニケーションが進むが、第三の人やモノがそこにかかわることで、新しいアイデアやかかわり方が生まれるような関係である。たとえば、2人の子どもたちがどちらも保護者や保育者に遊んでもらいたがるときに、子どもの要求に応じるか応じないかの二択ではなく、どちらともかかわれる遊びやお手伝いというような第三の提案をしてかかわる場面である。

[*1] ここでの「一者」「二者」「三者」とは、実際に何人がそこでかかわっているかを指すものではない。人が、人間関係をどのようなまとまりとやり取りの方向性で把握しているかを表している。

表7-1　関係把握の仕方の3つの類型[3]

①一者関係型：人間関係を自己関係的に把握する型
②二者関係型：人間関係を他者関係的に把握する型
③三者関係型：人間関係を「間(あいだ)」関係的に把握する型

図7-1　関係把握の仕方の3つの類型

一者関係型　　　二者関係型　　　三者関係型

出典：矢吹芙美子「保育における問題への支援」伊藤わらび編『保育学―21世紀の子ども達へ―』建帛社　2002年　p.139を一部改変

▼三者関係型を活用した問題解決

　子育てで困っている場面を具体的にあげ、それらがどのような関係型であることが多いかを検討する。それから、どのようにすると、それぞれの気持ちやアイデアを取り入れながら、互いに気持ちよく過ごすことができるかを考える。

　一者関係型、あるいは二者関係型に偏っている場合には、三者関係型を取り入れるとよい。また、子どもの発達や状況に応じて、3つの関係型をバランスよく活用することも一つの方法である。

　三者関係型へ転換する工夫としては、①第三の人やものを登場させ、場面の転換を図る、②それぞれが納得できるような第三の新しいもの（アイデア、活動）を相談して考える、などの方法がある。

③　保護者にかかわり方のヒントを提案する

　保護者に、子どもとのかかわり方のヒントを伝えたいときには、「こうしましょう」と指示するのではなく、「このような方法もありますよ」と提案しながら進めていく。

▼面談の場面で提案する場合

　面談など、保護者との話し合いの場面では、次の3ステップで保護者にかかわり方のヒントを伝えるとよい。

① 第1ステップ

　保護者の気持ちを理解したうえで、これからの大きな方向性を保護者と共有する。

② 第2ステップ

　家庭と園のそれぞれで取り組めそうな具体策を話し合う。

③ 第3ステップ

　家庭と園が互いに様子を伝え合いながら、それぞれの具体策を実践していくことを提案する。

▼モデリング

　モデリングとは、他者の行動を観察することを通して、その人の行動や特徴を自分の中に取り入れることである。モデリングを支援する場合には、実際に体験を共有しながら、どのような行動が好ましいかを伝えるとよい。

第7章　保護者の理解とかかわり方

実践例１）子どもの気持ちを代弁しながら解説する

子どもが他の保育者とかかわっている様子を一緒に眺めながら、または保護者が子どもとかかわっているときに、「こういうことが○○ちゃんは嬉しいんですね」というように、子どもの嬉しい気持ちを代弁しながら実況中継するように解説しフィードバックすると、好ましいふるまい方を明確にすることができる。

実践例２）保育者自身がモデルとなる

保育参加、保育参観、送迎の場面などで、保育者が子どもたちにかかわっている様子を見ることは、保護者にとって遊びや生活の中でのかかわり方のヒントになる。

実践例３）モデリングとロールプレイングを組み合わせる

実践例１、２に続き、「一緒にやってみましょう」などと誘い、実際に保育者のかかわり方を模倣しながら保護者が子どもとかかわる機会を作る。

▼モデリングをするときの留意点

　保育者がお手本を見せながら「こうすれば、子どもがやる気になりますよ」といった示し方は避けたほうがよい。

　子どもは、保育者の前だからこそ、がんばってかっこいい自分を見せよう

と張り切っていることがある。そのため、家庭で保護者が同じようにやったとしても、子どもが同じように行動するとは限らない。その場合、「何で先生の前ではやるの！」と、かえって保護者が子どもに怒りを感じてしまうかもしれない。また、子育てに自信がない保護者の場合には、「私にはできない、保護者失格だ」と余計に自信を失ってしまうことも起こり得る。

ワーク 2　リフレーミングと子どもの気持ちの代弁

▼ ワークのねらい ▼

保護者が困ったと感じている子どもの行動や保護者自身のことについて、別の視点からとらえ直し表現してみよう。特に、肯定的にとらえ直してみると、新たなかかわりの可能性を発見するきっかけをつくることができるだろう。

また、保護者役として困っていることを保育者からリフレーミングしてもらうことで、保護者が保育者からの言葉をどのようにとらえるかを体験してみよう。

「リフレーミング①」が基礎編、「リフレーミング②」が応用編である。余裕があれば、子どもの視点からの解釈を添えることで、保護者の子ども理解がより深まり、保育者と子どもや保育についての思いや考えを共有することが体験できるだろう。

■ワークの進め方

① ワークシート「リフレーミング①」の「保護者の発言」を読み、各自でリフレーミングした内容を考え記入する。　　　　　　　　　　　（5分）
② リフレーミングした内容について発表しあう。　　　　　　　　　（5分）
③ ワークシート「リフレーミング②」に、保護者になったつもりで、困っていることを想定して記入する。　　　　　　　　　　　　　　　　（5分）
④ 2人1組になり保護者役と保育者役になる。　　　　　　　　　　（5分）
⑤ 保護者役からワークシート「リフレーミング②」の内容を保育者役に伝え、保育者役がそれをリフレーミングする。　　　　　　　　　　　（5分）
⑥ 保育者役、保護者役を交代して再度行う。　　　　　　　　　　　（5分）

【時間約30分】

第7章　保護者の理解とかかわり方

年　月　日（　）第（　）限　学籍番号＿＿＿＿＿＿＿　氏名＿＿＿＿＿＿＿＿

ワークシート「リフレーミング①」

①保護者A「子どもに『ママなんて大嫌い!!』と言われてショックです。私の愛情が足りないのでしょうか？」
⇒保育者のリフレーミング

　　　--
　　　--
　　　--

★子どもの視点からのメッセージ：
　「子どもとしては、
　　　--
　　　--

②保護者B「子どもが優柔不断です。見ているとイライラしてしまいます。」
⇒保育者のリフレーミング

　　　--
　　　--
　　　--

★子どもの視点からのメッセージ：
　「子どもとしては、
　　　--
　　　--

③保護者C「子どもがわがままで言うことを聞きません。どのようにしつけたらいいでしょうか。」
⇒保育者のリフレーミング：

　　　--
　　　--

★子どもの視点からのメッセージ：
　「子どもとしては、
　　　--
　　　--

年　月　日（　）第（　）限　学籍番号＿＿＿＿＿＿＿＿　氏名＿＿＿＿＿＿＿＿＿

ワークシート「リフレーミング②」

保護者の困っていること

　　　　　──────────────────────────────
　　　　　──────────────────────────────
　　　　　──────────────────────────────
　　　　　──────────────────────────────

⇒保育者のリフレーミング

　　　　　──────────────────────────────
　　　　　──────────────────────────────
　　　　　──────────────────────────────
　　　　　──────────────────────────────

★子どもの視点からのメッセージ：
　「子どもとしては、
　　　　　──────────────────────────────
　　　　　──────────────────────────────
　　　　　──────────────────────────────

〈リフレーミングのポイント〉

① おとなが困ったと感じている子どもの行動に、プラスの意味を見つけてリフレーミングする。また、おとなが困ったと感じている子どもの様子の変化を、子どもの成長としてとらえリフレーミングする。

② 子どもの視点から見て、子どもが困っていることが予想されるときには、「子どもからはこのように見えるのかもしれません」「子どもはこのような思いだったのかもしれません」など、子どもの代弁をするようにリフレーミングする。

第7章 保護者の理解とかかわり方

🔍 ワークをふりかえって

① 保護者が、今自分にできていることを確認できるようなリフレーミングができましたか。

〔よくできた・ある程度できた・少しできた・あまりできなかった〕

★そのように考えた理由

----

② 保護者役として発言した内容を保育者役にリフレーミングしてもらって、どのように感じましたか。

③ 保護者に子どもの視点からのメッセージを伝えるとき、工夫したことをあげてみましょう。

【引用文献】
1）関係学会・関係学ハンドブック編集委員会編『関係学ハンドブック』関係学研究所　1994年　p.39
2）川瀬正裕・松本真理子・川瀬三弥子『これからの心の援助─役に立つカウンセリングの基礎と技法─』ナカニシヤ出版　2001年　p.20
3）前掲書1）p.38, 60

【参考文献】
日本関係学会編『関係〈臨床・教育〉─気づく・学ぶ・活かす─』不昧堂出版　2011年
松村康平・稲垣葉子『適応と変革』誠信書房　1960年
土屋明美監　関係状況療法研究会編『グループ活動を始める時に─つながりを育む50のかかわり技法─』ななみ書房　2013年
矢吹芙美子「保育における問題への支援」伊藤わらび編『保育学─21世紀の子ども達へ─』建帛社　2002年

第8章 地域資源の活用と関係機関との連携・協力

トシ先生 「社会資源」という言葉の意味をみらいさんは知っていますか？

みらいさん なんとなく前に教わったような気がするけど…。確か、施設とか、ボランティアとか、制度とかですか？

トシ先生 「社会福祉」などの講義で教わりましたね。つまり、私たちの周りにあるモノや人（材）、組織、制度など、暮らしていくうえで利用できるすべてのものですよ。

みらいさん そうでした！ フォーマルとインフォーマルな社会資源があるのですよね。

トシ先生 思い出してきましたね。フォーマル、インフォーマルはそれぞれ長所と短所がありますので、子育て支援についてもそれらをうまく組み合わせながら進めていく必要があります。また、保育者は地域にある社会資源と連携・協力しながら子育て支援を展開していくことになりますから、それぞれの社会資源について、その機能や役割を把握しておくことも必要です。そのうえで大切なことは何でしょう？

みらいさん 地域の社会資源を把握したうえで、もっと大切なことですか？

トシ先生 そうです。とても大事なことです。

みらいさん わかりました！ 協力して支援していくためには、日頃から相談したり、連絡を取れるような関係をつくっておくことですね。

トシ先生 さすが、みらいさん。問題が起こってから協力関係をつくっていては遅いですからね。日頃から子育て支援に関係する機関とのネットワークを構築しておくことが大切です。そのためには、各担当者との日頃からのコミュニケーションを図っておくことが必要です。医療・保健・福祉などの専門職とは、互いの専門性を認め合いながら、支援の目標を共有できる関係の構築が望まれます。その中で保育者は、子どもの視点に立って、子どもの気持ちを代弁したり、情報提供したり、意見することが求められます。

みらいさん 保育者は、子どもの立場から他の専門職と協力して保護者への支援を行う役割を担う、とても責任のある立場なんですね。

トシ先生 そうです。では、社会資源の理解や関係機関とのネットワークを構築するために必要な基本事項について学んでいきましょう。

子育てを支援する地域資源の理解と活用

① 私たちの地域にある社会資源

▼社会資源とは

　私たちが暮らす地域には、さまざまな社会資源が存在している。社会資源とは、日々の暮らしを支え、社会的ニーズを充足させるために活用できる制度やモノ・人や人が提供するサービスなどの諸要素と関連する情報の総称である。

　具体的には各種制度や施設サービス、人（材）、組織、機関、活動、資金、情報、技術、知識など、生活するうえで役立つ身のまわりのすべてのものをさす。社会資源にはフォーマル（公的）な社会資源とインフォーマル（非公的）な社会資源があり、子育て支援を行う場合、それぞれの長所を生かしてバランスよく活用することが大切である。

▼フォーマル（公的）な社会資源

　フォーマルな社会資源とは、制度化された社会福祉機関や施設、病院などに所属する専門職や行政機関、法律や制度に基づいて提供される行政や法人、企業、団体などのサービスが相当する。法律や制度に基づいたサービスでは、比較的低価格でサービスの供給が安定している。しかし、個々の利用者のニーズに柔軟に対応したり、細かなニーズへの介入が難しいといった欠点もある。

▼インフォーマル（非公的）な社会資源

　インフォーマルな社会資源とは、非専門的で制度化されていないサービスやそのサービスを提供する人やモノを指し、具体的には家族、親族、近隣住人、友人、ボランティアなどがあげられる。サービスの特徴としては、利用者のニーズに柔軟に対応することができるが、専門性が担保されず（人や団体によって質のばらつきがある）、サービス供給の安定性に欠ける面もある。

② 地域資源の活用

　保護者からの相談内容は複雑・多様化しており、保育者が一人で対応することが非常に困難なケースもある。その場合、保育者が無理にすべてを受け止めようとすると、かえって問題が深刻化する可能性もある。そこで、保育者による支援の範疇を超え、他の専門職による支援を必要とする場合には、その旨を保護者に説明し、了解を得たうえで、保護者のニーズに応じた最も効果的な社会資源につなげていく必要がある。

そのためには、地域にある関係機関や専門職、支援内容などの概要を把握しておくことが必要となる。子どもや保護者を関係機関につなぐ際には、これまでの経緯や現状について、事実に基づいた客観的情報を提供し、他機関からは適切な支援方法などについて助言を受けるなど、それぞれの専門性を生かしながら連携・協力を図ることが重要である。

また、新たな資源を開発することも重要であり、その際に保育者に求められるのがネットワーキングの機能である。ネットワーキングとは、人々と社会資源をつなぎ、網目のようなネットワークを形成していく活動である。

身近な地域の社会資源を知る

▼ ワークのねらい ▼

私たちが暮らしている地域にはさまざまな社会資源があるが、その存在を知らない保護者も少なくない。そこで、保護者のニーズを把握し、適切に社会資源へつなげていくことも保育者の役割の一つである。ここでは地域にあるさまざまな社会資源の種類と内容を理解してほしい。

ワークの進め方

① 事前に自分の暮らす地域の子育て支援に関する社会資源を調べて資料などを持参する。

② 調べてきた地域にある子育て支援で利用できる社会資源をワークシート「社会資源の種類」の項目ごとにフォーマル、インフォーマルに分類して記入する。　　　　　　　　　　　　　　　　　　　　　　　（15分）

③ 3～4名のグループ（できるだけメンバーの地域が重ならないように）をつくりワークシートに記入した社会資源の名称と種類、支援内容や役割について発表していく。グループ内で各々が一つずつ順番に資源の名称と内容を発表していき、すでに発表された資源ははずす。　　　　（15分）

④ メンバーが調べてきた地域の社会資源と自分の住む地域の社会資源について支援内容や活動内容の違いを比較検討し、自分の住む地域に不足している社会資源などをまとめる。　　　　　　　　　　　　　　　　（10分）

【時間約40分】

　　　　　　　　年　月　日（　）第（　）限　学籍番号＿＿＿＿＿＿＿　氏名＿＿＿＿＿＿＿＿＿

ワークシート「社会資源の種類」

	名　称	種　類	支援内容・役割等
フォーマルな社会資源			
インフォーマルな社会資源			

第8章 地域資源の活用と関係機関との連携・協力

ワークをふりかえって

① フォーマル、インフォーマルな社会資源のそれぞれの役割には、どのような違いがありましたか。
② 他の人の居住地にある社会資源と自身の居住地にある社会資源には、どのような違いがありましたか。
③ みなさんの身のまわりにある社会資源は、子育て支援が十分満足できるレベルにありましたか。

2 関係機関との連携・協力

① 子育て支援にかかわる地域資源や関係機関

　子育て支援に活用できる社会資源には、専門職や専門機関によるサービスのほか、地域住民による活動などがある。フォーマルな社会資源として連携・協力の対象となる専門機関や公的機関には、保健所、保健センター、医療機関、児童相談所、市区町村役場（児童福祉担当課）、福祉事務所、教育機関、社会福祉協議会、児童福祉施設、ファミリー・サポートセンターなどがあげられる。インフォーマルな社会資源としては、民生委員・児童委員や子育てサークルなどの当事者組織、ボランティア、家族、親族、近隣住民などがあげられる。

② 関係機関とのネットワークづくり

▼地域における子育てネットワークづくりの必要性

　近年、地域の結びつきや近隣同士のつき合いが希薄になりつつある中で、子育て家庭の孤立化が社会問題になっている。子育てに問題を抱えている家庭は、周囲に相談できる人や子育てを支援してくれる人も少なく、孤立した状況にあるとも考えられる。

　家庭での養育機能の低下といった現状を考えてみても、子育てに関する問題を早期に発見し、早期に対応できる地域づくりが急務である。そのためには、地域で健やかに子どもを生み育てるための取り組みや、さまざまな生活課題を抱える人々を支える仕組みづくりに保育者が参画していくことが期待される。

しかし、保育者が直面する問題も複雑・多様化しており、保育者が、単独で支援を行うことが困難なケースもある。そこで、関係機関や専門職をはじめ、地域で子育て支援をしている団体や家族、近隣住民、ボランティアなどと連携を図るとともに、子育てをサポートするためのネットワークを構築することが必要となる。

また、保護者自らが子育て支援のためのネットワークをつくり上げていく過程をサポートしていくことも保育者の専門性を生かした支援といえる。

▼関係機関とのネットワークにおける留意点

関係機関とのネットワークを構築することで、子どもや保護者への支援は充実し、生活課題への解決に向けた効果的な支援が行われるようになる。しかし、各関係機関が連携・協力して、それぞれの専門性を生かして支援したとしても、解決までに時間がかかることや連携している機関や支援の内容を変更せざるをえないこともある。

また、さまざまな専門機関や専門職などがかかわっていく中で、子どもや保護者への支援の方針をめぐって、意見が衝突することもあり得る。そのような場合は、子どもや保護者に対して適切な支援が困難となる可能性もあり、今まで築いてきた信頼関係を失ってしまうことにもなりかねない。各機関と良好な関係性を保つためには、お互いの立場を尊重することや、それぞれの機関が日頃から「顔の見える」交流の機会をつくり、互いを理解しようとすることが必要となる。

その他の留意点として、子どもや保護者の情報について、各関係機関が必ず共有しておかなければならないというわけではないことがあげられる。子どもやその保護者に対して、さまざまな立場の専門家が連携し、共通理解を図ることは非常に大切である。しかし、関係機関を利用する主体は子どもと保護者であることを忘れてはならない。関係者が情報を共有することは重要であるが、保育者には個人情報の秘密を守る義務があり、保護者の了解なしに情報を交換することは許されないのである。保育者は、子どもや保護者のプライバシー保護の立場に立って、お互いが共有すべき情報か否かを冷静に判断しなければならない。

第8章 地域資源の活用と関係機関との連携・協力

関係機関との連携・協力とネットワークを考える

> ▼ ワークのねらい ▼
> このワークでは、子どもや保護者に効果的な支援を行っていくために、関係機関との連携・協力が大切であることを理解する。保育所に勤務する保育士は、日頃から子どもや保護者と接する機会が多く、他職種の人たちよりも近い関係にあるといえる。そこで、保育士が中心となって関係機関とのネットワークを構築することが望まれていること、関係機関と良好な関係性を保つために留意すべき点について学んでいく。

ワークの進め方

① 3〜4人のグループをつくり、「課題1」について、あなたの考えをワークシート「関係機関との連携・協力」に記入する。　　　　　　　　　（10分）

課題1

> 関係機関と連携・協力を図りながら子育て支援をする場合、他の機関の人たちとどのような態度でかかわっていくことが望ましいと思いますか。

② グループ内でそれぞれの考えを発表し、意見をまとめる。　　　（15分）
③ 「課題1」と同様に「課題2」について、あなたの考えをワークシート「関係機関との連携・協力」に記入する。　　　　　　　　　　　　（10分）

課題2

> 同じクラスの仲間とうまくコミュニケーションが取れず、言葉の発達にも遅れが見られる（発達障害の疑いがある）3歳の男の子と、その保護者を支援する場合、あなたの地域で相談や診断、療育をする専門機関を3つあげてみましょう。また、保育士はその機関とどのように連携をとって、子どもや保護者を支援していけばいいのでしょうか。

④ グループ内でそれぞれの考えを発表し、意見をまとめる。　　　（15分）

【時間約50分】

　　　　　年　月　日（　）第（　）限　学籍番号_____　氏名_____

ワークシート「関係機関との連携・協力」

〈課題1〉

〈課題2〉
① _____

② _____

③ _____

💡ワークをふりかえって

① 関係機関と連携・協力して子どもや家庭を支援していく場合、その機関の専門職との関係を構築するうえで、どのような点に留意しなければならないですか。
② 関係機関とのネットワークを構築する際に、保育士はどのような立場や役割を担いますか。
③ ネットワークを構築して、子どもや保護者を支援することで、保育士自身の支援の幅がどのように広がっていくと思いますか。

【参考文献】
社会福祉士養成講座編集委員会編『新・社会福祉士養成講座9　地域福祉の理論と方法［第2版］』中央法規出版　2015年
笠師千恵・小橋明子『相談援助　保育相談支援』中山書店　2014年
福祉臨床シリーズ編集委員会編『社会福祉士シリーズ8　相談援助の理論と方法Ⅱ』弘文堂　2014年
新　保育士養成講座編纂委員会編『改訂2版　新　保育士養成講座第10巻　家庭支援論／家庭支援と保育相談支援』全国社会福祉協議会　2015年
柏女霊峰・橋本真紀編『新・プリマーズ／保育　保育相談支援』ミネルヴァ書房　2011年
橋本好市・直島正樹編『保育実践に求められるソーシャルワーク―子どもと保護者のための相談援助・保育相談支援―』ミネルヴァ書房　2012年
山本伸晴・白幡久美子編『保育士をめざす人の家庭支援』みらい　2011年

ショート事例編
子育て支援の実際

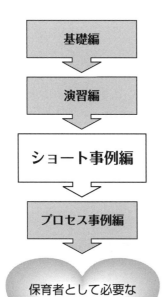

子育て支援のさまざまなケースを体験的に学ぶ
（第9章〜第11章）

第9章 保育所の特性を生かした保護者への支援

トシ先生 保育所は、保育士が一番多く勤める児童福祉施設で、保護者にとっても一番身近な施設です。したがって、日々保護者からさまざまな相談が寄せられるため、子育て支援が日常的に行われているといえるでしょう。

みらいさん 保育所で実践される子育て支援は、保育士にとって基本的な業務ということですね。

トシ先生 そうです。また、子どもの保育と一体的に子育て支援が展開されるのも、大きな特徴といえます。保育所で行われる子育て支援には、どの専門性を活用するかとか、場面によって面談だったり、連絡帳だったりと方法の組み合わせもさまざまですから、基本をふまえた応用力も試されます。

みらいさん 総合的な力が試されるのですね。ちゃんとできるか不安だなぁ。どんなところにポイントを置いて支援すればよいのでしょうか？

トシ先生 みらいさんが、これまで学んできたことを思い返してください。どのような支援をするにしても、「子どもの最善の利益」や「保護者の子育てを自ら実践する力の向上」「親子関係の安定」を視点に据えて展開することです。技術的なことも大切ですが、やはり対人サービスは理念がとても大切です。理念というのは、実践を展開するうえでの道しるべのようなものです。迷ったときは理念に立ち返って支援することです。そのうえで、保護者とうまくコミュニケーションが図れるような方法を身につけることが求められるのではないでしょうか。

みらいさん 確かにそうですね。ここまで学んできたことは、すべてがつながっているのですね。どうしても、実際に支援するという段階になると、どのように支援すればよいのか、その方法に気が向いてしまいます。

トシ先生 ここでは、保育所を舞台に、これまで学んだ「理念」を実践に移すための方法について、短い事例を使って学んでいきましょう。

みらいさん いよいよ、実践的な内容に入っていくのですね。がんばります！

日常の保育と一体となった子育て支援の展開

○ 保育士の専門性を生かした子育て支援

　ここでは、保育士の専門性を生かした日常の保育と一体的に展開される子育て支援について考えてみたい。まず、保育士の専門性とは、具体的にどのようなものだろうか。「保育所保育指針解説[1]」には次の6つが示されている。

保育所保育指針解説
① これからの社会に求められる資質を踏まえながら、乳幼児期の子どもの発達に関する専門的知識を基に子どもの育ちを見通し、一人一人の子どもの発達を援助する知識及び技術【発達援助の知識・技術】
② 子どもの発達過程や意欲を踏まえ、子ども自らが生活していく力を細やかに助ける生活援助の知識及び技術【生活援助の知識・技術】
③ 保育所内外の空間や様々な設備、遊具、素材等の物的環境、自然環境や人的環境を生かし、保育の環境を構成していく知識及び技術【環境構成の知識・技術】
④ 子どもの経験や興味や関心に応じて、様々な遊びを豊かに展開していくための知識及び技術【遊びを豊かに展開する知識・技術】
⑤ 子ども同士の関わりや子どもと保護者の関わりなどを見守り、その気持ちに寄り添いながら適宜必要な援助をしていく関係構築の知識及び技術【関係構築の知識・技術】
⑥ 保護者等への相談、助言に関する知識及び技術【保護者に対する相談・助言の知識・技術】

　子育て支援は、保護者を対象とするものであることから、子どもを対象とした保育士の専門性では対応できない難しいもののように感じるかもしれない。けれども、保育士が行う保護者への支援は、上記①〜⑤のような保育士が本来もっている子どもの保育に関する専門性を活用して行うものである。いいかえれば、子育て支援は特別なことではなく、保育所が従来からよりよい子どもの育ちをめざして行ってきた保育という営みの延長線上にあるものなのである[2]。

第9章　保育所の特性を生かした保護者への支援

事例から考えてみよう

1 オムツが外れないことを心配する母親

▼ねらい▼

　子育て支援に活用する保育の専門性や場面、手段等の組み合わせはさまざまである。しかし、どのような組み合わせを選択する場合でも、「保育所保育指針」が示す「子どもの最善の利益」「保護者の子育てを自ら実践する力の向上」「子どもと保護者の安定した関係」に向けて子育て支援を展開する必要がある。

　次の事例は、保護者からの相談への対応として開始された子育て支援が、その後の保育と一体的に、子どもと保護者の両方に働きかけながら、継続的に展開されている。また、保護者の気持ちを受けとめながらも、「子どもの最善の利益」を考慮した対応がとられている。ここでは、子育て支援の方法とその意図について考えてみよう。

ショート事例

　保育所の1歳児クラスでは、2歳の誕生日を迎えた子どもたちを中心に、保育所でパンツをはいて過ごし、トイレでの排泄を行っている。とはいえ、完全にオムツが外れた子どもは少なく、午睡時や夜間にはオムツをはいて過ごす子どももいれば、トイレで排泄する際も、いつも成功するとは限らず、ときには失敗してしまうこともある。また、まだトイレで排泄をしたことのない子どももいる。

　ある日、A子（1歳4か月）を迎えに来た母親のBさんから、「A子のオムツがまだ外れないので、心配なのですが…」と、担任保育士に相談がある。担任保育士は、1歳4か月でオムツが外れないことは、発達段階をふまえれば、それほど心配するほどでもないと考えたが、<u>Bさんがなぜこのように相談してきたのか、Bさんの思いや自宅での状況を詳しく聞いてみることにする。</u>1) Bさんの話からは、祖父母から「A子はまだオムツが取れないのか。早くトイレットトレーニングをはじめないと、オムツを外すのに時間がかかるのに」と言われていること、トレーニングパンツは購入したものの、自宅では失敗されると困るので使用していないこと、A子をトイレに誘っても便器に座ろうとせず困っていることなどがわかる。

　保護者の思いを一通り聞いたあと、<u>保育所では保育士と一緒にトイレに行</u>

133

き他児の様子を見ていることがあること、トイレという場所に少しずつ慣れてきていること、衣服の着脱に対する意欲が育ってきていることなど、A子の様子を伝える。2) あわせて、排泄の自立には体の準備ができていなければ、早くはじめても時間がかかること、そのために一人ひとりの状態にあわせてトイレットトレーニングを進めていることなどを伝える。3)

そのうえで、保育士が「A子ちゃんも、保育所でトレーニングパンツをはいて過ごすことからやってみましょうか？」とBさんに提案し、4) 翌日から、少しずつトレーニングパンツで過ごす時間をつくる。保育士は排泄の間隔を見計らってトイレに誘ったり、他児の排泄の様子に興味を示しているときには、A子にも便器に座ってみるよう促す。5) あわせて、Bさんには送迎時の対話や連絡帳を通して、A子の排泄に関する保育士の働きかけやA子の様子、今後の見通しをできるだけ具体的に伝え、家庭での排泄の様子についても情報共有を行う。6) そして、A子が便器に座ることができたときには、その嬉しさをBさんに伝え、7) トイレの水を繰り返し流したりトイレットペーパーを引っぱり出したりする姿も、A子の変化としてBさんに伝えていく。

演習課題

① 保育士が行った下線部 1)～7) の支援のそれぞれについて、「ⓐBさん（A子の母親）への支援」と「ⓑA子への支援」に分けてみましょう。さらに、下線部 2)～7) はどのような支援であるのか、それぞれについて考えてみましょう。

② Bさんからの相談に対して、保育士は自分の考えを伝える前に、なぜ下線部 1) のような対応をとったのか、考えてみましょう。

③ 下線部 3)、5) は、前節で保育士の専門性として示した①～⑤（①発達援助の知識・技術、②生活援助の知識・技術、③環境構成の知識・技術、④遊びを豊かに展開する知識・技術、⑤関係構築の知識・技術）のうちどれに該当するか、それぞれについて考えてみましょう。

文書を活用した子育て支援

○ 子育て支援における文書の活用

　子育て支援の方法は、保護者への直接的な働きかけだけでなく、保育における子どもへの働きかけ、送迎時における保護者と子どもへの同時的な働きかけなど、さまざまである。そこで用いる手段や資源も多様であり、おたよりや連絡帳、掲示物などの文書を活用することもある。なかでも、低年齢児の生活の連続性を保障するために活用される連絡帳のやりとりは、日々の保育と一体となった子育て支援の機能を有している。

　連絡帳は、1日の生活の大半を保育所で過ごす子どもの様子を伝える大切な記録である。そのため、「～をしました」「～でした」のような事務的な報告ではなく、「その子」に固有の具体的な経験をわかりやすく記入し、保護者がわが子の育ちの喜びを感じ、今後の見通しがもてるような内容であることが求められる。

　このような日々のコミュニケーションの積み重ねは、保護者と保育士との信頼関係の構築にもつながっていく。しかし、連絡帳の記載内容によっては、保護者は保育士に対して不信感を抱くこともある。ここでは文書を活用した子育て支援の例として、連絡帳を取り上げ考えてみよう。

事例から考えてみよう

2歳児のいざこざ

> ▼ ねらい ▼
>
> 　文字による伝達は、対面によるコミュニケーションとは異なり、一方的にその内容を文字のみで相手に伝えがちとなる。表情や声のトーン、ジェスチャーなどの非言語的コミュニケーションを含まないため、読み手に書き手の意図とは異なる解釈をされてしまうことがある。メールやSNSなどで顔文字や絵文字を駆使するのも、言葉のニュアンスを伝える非言語的コミュニケーションを補足するためである。したがって、連絡帳の記載など、文字による伝達には、特有の配慮を行う必要がある。
>
> 　連絡帳は、日々保護者が家庭での子どもの様子を記載して登園時に保育所へ提出し、保育士が保育所での様子を記入して降園時に保護者へと返却する。保育士は、連絡帳の文面をその日の家庭からの記載内容をふまえたうえで作成していく。
>
> 　ここでは保育所における子どもの姿を伝えることを想定して、連絡帳の書き方のポイントについて学んでいく。記載内容には、保育士の子どもに対する理解の仕方や援助内容など、保育士自身の保育に向かう姿勢や専門性が反映される。連絡帳への記載が親子関係の安定や養育力の向上につながるよう、保育の専門性を活用した連絡帳の作成方法について考えてみよう。

ショート事例

　2歳児クラスのC恵が、砂場でバケツに入った水を「ぐーる、ぐーる」と言いながら、お玉でかき混ぜている。保育士も一緒に「ぐーる、ぐーる」と言いながら遊んでいると、近くで砂場に水を入れて遊んでいたD介が、C恵の使っていたお玉を無言のまま力づくで引っ張る。C恵が手を離さずにいると、D介は持っていたペットボトルでC恵の頭をたたき、無理やり取ってしまう。C恵は泣き出し、「せんせーい」と保育士に助けを求める。保育士はC恵に向かって「痛いよねぇ。せっかく使ってたのにねぇ」と声をかけ、続けてD介に「D介くん、C恵ちゃんまだ使いたいんだって。返してあげようよ」と促すが、D介はお玉を持ったまま、うつむいている。保育士が「D介くん、あっちに同じのがないか見ておいでよ」と促すと、D介はしばらく無言でうつむいていたが、それまで自分が使っていたペットボトルを持って水

道へ向かい、水を入れて戻ってくる。

　D介は無言のまま、水を入れたペットボトルをC恵に差し出したため、保育士は「D介くん、C恵ちゃんにお水くんできてくれたんだ。C恵ちゃんどうする？」と尋ねる。C恵はしばらく無言でペットボトルを眺めた後、ゆっくりと手をのばす。同時に、保育士が「お水いっぱいだねー。こっちもいいねぇ」と楽しそうに言うと、C恵は満足そうにペットボトルを受け取り、D介と顔を見合わせて2人でにっこりと笑う。

演習課題

① 連絡帳の作成においては、どのような表現上の配慮や工夫が必要ですか。保護者の立場に立って、連絡帳の表現上の配慮や留意事項、工夫などについて考え、それぞれについて理由も考えてみましょう。
② このエピソードをこの日のD介の連絡帳に記載するとしたら、どのような内容を書きますか。自分なりに連絡帳を作成してみましょう。その際、保護者にこの日のエピソードについてどのようなことを伝えたいのか、連絡帳の「ねらい」も考えてみましょう。
③ 他の学生が作成した連絡帳を読み合い、保護者の気持ちになって文章表現や内容、言葉遣いなどについて話し合ってみましょう。

保育所の特性を生かした地域子育て支援

◯ 保育所に求められる地域子育て支援とは

　保育所には、乳幼児の保育に関する専門性を有する最も身近な児童福祉施設として、保護者に対する支援だけでなく、地域の子育て家庭への支援が期待されている。地域子育て支援の例として、地域の子育ての拠点としての機能と、一時保育の2つがある。

　ここでは、地域の子育ての拠点としての機能として、主に0～2歳の未就園児の子育て家庭を対象として行われている地域子育て支援拠点事業について取り上げる。この事業は、①子育て親子の交流の場の提供と交流の促進、②子育てに関する相談・援助の実施、③地域の子育て関連情報の提供、④子育ておよび子育て支援に関する講習などを行うものであり、保育所では「子育てひろば」「子育て支援センター」などの名称で実施されている。

　保育所には乳幼児期の子どもの生活にふさわしい環境や異年齢の子ども集団、多様な専門職の存在があり、それらを活用した地域子育て支援が積極的に展開されている。

 ケース3　事例から考えてみよう

地域の孤立家庭に対する支援

> ▼ ねらい ▼
> 　地域子育て支援拠点事業は、保育所保育とは異なり、親子がともに過ごすことのできる任意の利用施設である。担当保育士には、それぞれの親子が何を求めて利用しているのかを把握し、それぞれのニーズに応じた支援の展開が必要となる。このような利用親子のニーズの把握と、ニーズに応じた柔軟な支援、さらには保育所の機能を活用した支援について、次の事例から考えてみよう。

📖 ショート事例

　ある保育所が運営する子育て支援センターに、2歳児のE太と母親のFさんが初めて来所した。Fさんによると、E太の友だちを求めて来たとのこと

第9章　保育所の特性を生かした保護者への支援

である。センターの担当保育士はＥ太の遊ぶ傍らで、Ｆさんにセンターの利用案内をする。その中で、Ｆさんは夫の転勤のために知り合いのいないこの地に引っ越してきたこと、夫婦ともに両親は遠方に住んでおり、近くに頼れる存在がいないことなどがわかる。

　Ｅ太は他児の遊ぶ姿に引きつけられるように、いろいろな遊びのコーナーへ出かけていき、さまざまな玩具を手に取って遊ぶ。Ｆさんは、仲間同士で遊んでいる子どもたちに目をやると「Ｅ太は、もうすぐ幼稚園に入るのに、お友だちと仲良くできないんですよね」と、つぶやくように保育士に話しはじめる。Ｅ太が公園で他児の玩具を取ってしまうこと、「貸して」と言われても玩具を貸してあげられないこと、気に入らないことがあるとかんしゃくを起こすことなどを心配している様子である。この日は、1時間ほどセンターで過ごして帰宅する。

　2日後、Ｆさん親子が再びセンターに来所し、保育士が「Ｅ太くん、よく来たね」と声をかけると、Ｅ太は嬉しそうに前回遊んだ電車のおもちゃのコーナーめがけて走っていく。Ｆさんを迎え入れながら、Ｅ太の遊ぶコーナーへ行ってみると、Ｅ太はレールに電車を走らせて遊んでいる。すると、同じ年頃のＹ美がやってきて、隣で電車を走らせる。互いの電車がぶつかりそうになると、Ｅ太は「だめー！」とＹ美に強い口調で叫んだため、Ｆさんが「Ｅ太、お友だちも使ってるの。仲良く！」と伝えるが、Ｅ太は無言で電車を動かす。保育士が隣に線路をつくると、Ｙ美がそこに移動する。するとＦさんは「いつもこうなんです。お友だちと仲良くできないんです。Ｙ美ちゃんは

譲ってくれたのに、E太は独り占めしちゃって」と、ため息交じりに話す。

Fさん親子が帰る頃、保育士は月間プログラムを見せながら、2歳児親子のグループが定期的に集まって活動する年齢別プログラムへの参加を提案する。するとFさんは、「E太、お友だちと仲良く遊べないけど、大丈夫ですか？」と心配そうに尋ねる。保育士が「おもちゃの取り合いは日常茶飯事なので大丈夫ですよ。Fさんが負担でなければ、いらっしゃいませんか？」と伝えると、Fさんは「それじゃあ、参加してみようかな」と、次回の開催日時を確認して帰っていく。

保育士はその後の職員会議で、2歳児の利用が増えてきたことを踏まえ、反抗期の子どもへの対応を話し合うプログラムとして、「イヤイヤ期への対応」というテーマの座談会を企画する。そして、Fさん親子に参加を勧めることにする。

演習課題

① Fさんが生活上困っていること・不安に思っていることは、どのようなことですか。
② 保育士は、なぜFさんに年齢別プログラムへの参加を勧めたのか、その意図について考えてみましょう。
③ Fさん親子への支援として、ほかにはどのようなことが考えられますか。「ⓐ子育て支援センターにおける支援」「ⓑ併設する保育所の環境や機能を生かした支援」のそれぞれについて考えてみましょう。

4 相談・助言における保育士の専門性の範囲と限界

○ 保育士の行う相談・助言

相談・助言にあたっては、保育の専門性に加えてカウンセリングやソーシャルワークの専門性を援用することが必要となる。たとえば、「保育所保育指針」では、ソーシャルワークの原理（態度）として、受容、自己決定の尊重、秘密保持が示されている[3]。これらに加えて、保護者を一方的に非難しないこと（非審判的態度）、一人ひとりの保護者を個人としてとらえること（個別化）、保護者の感情表現を大切にすること（意図的な感情の表出）なども大切である[*1]。

相談・助言においては、ときに保護者の精神疾患や経済的困窮、DV（ド

*1
保育者の基本的態度については、第6章（p.89）を参照。

メスティック・バイオレンス)、虐待など、保育士の専門性の範囲では対応しきれないような問題に出会うことがある。「保育所保育指針解説」には、保育所の役割や専門性の範囲を熟知することや、問題を抱え込むことなく関係機関と連携して支援にあたることの必要性が示されている[4]。必要に応じてスムーズな連携が図れるよう、地域の関係機関について把握しておくことが大切である。

ケース4　事例から考えてみよう
夜間保育を利用する親子への支援

▼ **ねらい** ▼

保育者の行う相談・助言において、どのようにソーシャルワークやカウンセリングの専門性を援用するのか、事例から具体的な面接技法について考えてみよう。

また、保護者からの相談内容が保育の専門性の範囲を超える場合には、どのように専門機関と連携・協力したらよいのだろうか。保育者は、子どもや保護者のために熱心に支援をすればするほど、自らの専門性の範囲を超えて問題を抱え込んでしまうことがある。

しかし、保育者の行う子育て支援は、なによりも「子どもの最善の利益」のために行うものである。親子が必要とする専門機関からのサポートが得られるよう、関係機関との連携について考えてみよう。

ショート事例

4歳児クラスに在籍するG郎は、最近頻繁に午後10時までの夜間保育を利用している。G郎の母親のHさんが通常勤務の後、家庭教師のアルバイトをはじめたようである。

ある日、保育室にG郎を迎えにきたHさんから担任保育士に「先生、ちょっとお話ししたいことがあるんですが、いいですか？」と相談がある。保育士は、最近Hさんの表情が暗く疲れた様子であることや、夜間保育の利用にともなうG郎の生活の変化が気になっていたため、保育士は家庭状況を把握するよい機会ととらえ、その場を別の保育士に任せて母親と面談室へ向かう。そして、まず温かいお茶を入れ、母親に差し出しながら話を聞く。

保育士：お母さん、最近忙しくなってお疲れみたいですけど、大丈夫ですか？
Hさん：仕事は…まあ、つらくはないんです。でも…。
保育士：……でも？ 1)
Hさん：G郎と一緒にいることがつらくて…。最近、かわいいと思えないんです。
保育士：ええ。 2)
Hさん：口ごたえされると、もうイライラしてしまって。
保育士：うん、うん。 3)
Hさん：つい、腹が立ってたたいてしまうんです。
保育士：そうでしたか。
Hさん：（涙を流しながら）そうするとあの子、私をにらむんです。それを見ると、もう感情が抑えられなくなってしまって。跡が残るほどぶってしまったこともあるんです…。ひどいですね…私、あの子の母親なのに…。
保育士：そうだったんですね。お母さん、つらかったでしょう？ 4)
Hさん：……。
保育士：よかったら、熱いうちにお茶をどうぞ。
Hさん：（お茶を飲んだあと）私、あの子の母親なのに…。でも、もういっぱいいっぱいで。
保育士：（お茶を飲みながら、静かにうなずく）
Hさん：ひどいですよね。自分がされたことを子どもにするなんて…。
保育士：自分がされたこと…？ 5)
Hさん：夫です。気に入らないことがあると、蹴ったり、たたいたりするんです。最近はいつ暴力がはじまるか…。G郎には手をあげることはないんですけど。G郎はそれを見ているので夫を怖がって…。
保育士：お母さん、もしかして夜間保育もG郎くんのために？
Hさん：はい。お金を貯めるために夜のアルバイトをはじめたんですけど、G郎を夫と2人にするわけにはいかないので。

　この話の翌日、夜間保育を利用したG郎の全身を入浴時に観察すると、背中や大腿部内側に3か所、アザが確認された。

演習課題

① 下線部 1)〜 5)では、保育士はどのような面接技法やソーシャルワー

クの原則を活用しているか、考えてみましょう。
② このHさん親子の家庭では、夫婦間、親子間でそれぞれどのような問題が起こっていますか。また、夫婦間で起こっている問題はG郎にどのような影響を与える可能性がありますか。
③ この事例では、保育所の専門性の範囲や限界を超えた深刻な問題が生じているため、子どもの利益を考えたとき、適切な関係機関との連携・協力を行う必要があります。この事例の場合、保育所はどのような専門機関に連絡を入れたらよいですか。

【引用文献】
1）厚生労働省『保育所保育指針解説』フレーベル館　2018年　p.17
2）亀﨑美沙子「保護者支援の歴史的展開―保育所保育指針の分析を手がかりに―」全国保育士養成協議会『保育士養成研究』第31号　2014年　pp.11-20
3）前掲書1）　pp.329-332
4）同上書　p.331

【参考文献】
柏女霊峰・橋本真紀編著『新・プリマーズ／保育　保育相談支援』ミネルヴァ書房　2011年
亀﨑美沙子『保育の専門性を生かした子育て支援―「子どもの最善の利益」をめざして―』わかば社　2018年
児嶋雅典「家庭を支える保育実践―保育者の立場からの子育て支援―」スペース新社保育研究室企画『保育の実践と研究』第5巻3号　相川書房　2000年　pp.25-38

第10章　特別な支援を必要とする保護者への支援

トシ先生　保育所には、さまざまな背景をもった家庭の子どもが通ってきますので、ときには、かなり深刻な問題に対応したり、複雑な家庭の事情を考慮しながら対応が求められることがあります。

みらいさん　たとえば、児童虐待のことでしょうか？

トシ先生　児童虐待については、保育所に通う子どもの場合、保育士がその兆候に気づく最初の専門職となる可能性が高いですね。日頃から子どもや保護者に接していると、ちょっとした変化にも気づくでしょう。そこから虐待の事実が浮かび上がることもあります。保育士などの専門職は、虐待が"疑われる"場合には、市町村や児童相談所に通告する義務が法律で定められていますね。

みらいさん　児童虐待防止法ですね。「児童家庭福祉」の講義で学びました。

トシ先生　正解。これは大事なことですから保育者となるすべての人が理解しておく必要があります。でも、通告だけではなくて、保育者として、保護者の声に耳を傾けて、その背景を理解しながら支援していく姿勢も大切です。

みらいさん　通告後の対応も大切ということですね。他にどのようなケースが考えられますか？

トシ先生　児童虐待のケースのほかに、ひとり親家庭と発達障害のある子どもの保護者への支援のケースを取り上げてみたいと思います。

みらいさん　どちらも保育の現場に出たときに、担当する可能性のあるケースですね。

トシ先生　ひとり親家庭については、その子どもの保育所の入所に関して、特別な配慮を市町村に義務づけていますので、担当する可能性は高いかもしれません。ひとり親家庭の保護者は精神的にも経済的にも追いつめられていることがありますから、個別に柔軟に対応することが求められます。発達障害については、子ども本人への配慮とともに、保護者に対しても配慮が必要なケースがあります。ここでは、その保護者の心情を理解し対応するためにケーススタディを通して学んでいきましょう。

みらいさん　かなり専門的になってきますね。他の講義で学んだことも振り返りながらチャレンジしたいと思います。

トシ先生　そうです。いろいろな知識が求められますからね。これまでのすべての学びを振り返りながら取り組んでいきましょう。

児童虐待が疑われる家庭への子育て支援

○ 特別な支援を必要とする保護者と児童虐待

▼特別な支援を必要とする家庭の保育ニーズ

　現代の地域社会が抱える保育ニーズは多岐にわたっており、保育者はそれらのニーズに対応するために、保育技術だけではなく家庭の状況に応じた子育て支援を行うことができるよう幅広い見識を培っておかなければならない。

　保育所などを利用する子どもの家庭には、父子世帯や母子世帯などのひとり親家庭、障害のある子どもを育てる家庭、外国から移住してきた家庭などさまざまな家庭があり、また育児不安や保護者自身の障害、児童虐待などさまざまな事情を抱える保護者がいる。

　保育所を例にあげると、「保育所保育指針」第4章2「保育所を利用している保護者に対する子育て支援」には、特別な支援を必要とする保護者への対応について次のような記述がある。

保育所保育指針
第4章　子育て支援　2　保育所を利用している保護者に対する子育て支援
(2) 保護者の状況に配慮した個別の支援
イ　子どもに障害や発達上の課題が見られる場合には、市町村や関係機関と連携及び協力を図りつつ、保護者に対する個別の支援を行うよう努めること。
ウ　外国籍家庭など、特別な配慮を必要とする家庭の場合には、状況等に応じて個別の支援を行うよう努めること。
(3) 不適切な養育等が疑われる家庭への支援
ア　保護者に育児不安等が見られる場合には、保護者の希望に応じて個別の支援を行うよう努めること。
イ　保護者に不適切な養育等が疑われる場合には、市町村や関係機関と連携し、要保護児童対策地域協議会で検討するなど適切な対応を図ること。また、虐待が疑われる場合には、速やかに市町村又は児童相談所に通告し、適切な対応を図ること。

　また、「保育所保育指針」第4章3「地域の保護者等に対する子育て支援」においても次のように記述される。

第10章　特別な支援を必要とする保護者への支援

> 保育所保育指針
> 第4章　子育て支援　3　地域の保護者等に対する子育て支援
> (2) 地域の関係機関等との連携
> イ　地域の要保護児童への対応など、地域の子どもを巡る諸課題に対し、要保護児童対策地域協議会など関係機関等と連携及び協力して取り組むよう努めること。

　本節では、特別な支援を必要とするケースのうち、子どもの心に深い傷を負わせるばかりか、その尊い命を失う状況にまで発展してしまう児童虐待について考えてみよう。

▼児童虐待の定義

　「児童虐待」と聞いて、どのような行為をイメージするだろうか。子どもに罵声を浴びせかける、子どもに手をあげる、必要な世話をしないなど、さまざまなことを想像するだろう。

　わが国においては「児童虐待の防止等に関する法律」（以下、「児童虐待防止法」という）第2条で、児童虐待を「児童の身体に外傷が生じ、又は生じるおそれのある暴行を加えること」（身体的虐待）、「児童にわいせつな行為をすること又は児童をしてわいせつな行為をさせること」（性的虐待）、「児童の心身の正常な発達を妨げるような著しい減食又は長時間の放置、保護者以外の同居人による（各虐待に該当する）行為の放置その他の保護者としての監護を著しく怠ること」（ネグレクト）、「児童に対する著しい暴言又は著しく拒絶的な対応、児童が同居する家庭における配偶者に対する暴力その他の児童に著しい心理的外傷を与える言動を行うこと」（心理的虐待）に分類・定義している。

▼児童虐待としつけの見極め

　厚生労働省が発表した2017（平成29）年度の「児童相談所での児童虐待相談対応件数」は13万3,778件（「福祉行政報告例」より）であった。はじめて統計を取りはじめた1990（同2）年が1,101件だったことから、この30年近くの間で激増（約13倍）していることがわかる。この間、児童虐待防止法が制定されたことにより、虐待に対する認識が広まり、疑わしい場合を含めた虐待の通告義務が周知されるようになった結果が、数字に如実にあらわれたともいえる。

　また、警察庁が2018（平成30）年に児童虐待の疑いで児童相談所に通告した子どもの数が8万104人であったことを発表している。これには、警察が

対応したDV（ドメスティック・バイオレンス）のケースが影響している。DV家庭に子どもがいた場合、子どもの目の前で暴力をふるう行為は「面前DV」と呼ばれ、心理的虐待にあたるからである。

　地域社会において児童虐待としつけの見極めは難しく、街中で、子どもに対する保護者の行為を目の当たりにしたときの感じ方もさまざまだろう。しつけの範疇としてとらえる場合もあれば、その家庭にはその家庭なりの教育方針があるので口を出すべきではないと考える場合もあるだろう。

　川﨑二三彦は、しつけは「子育てに必要とされるもの」「子どもの自立を促進するもの」「子どもを信頼し、人権を尊重するもの」であり、虐待は「明確に禁じられているもの」「子どもの心や身体を傷つけ、自立を阻害するもの」「子どもを支配し、人権を侵害するもの」であり、本来交わるはずがないものだが、境界領域に体罰を割り込ませることによりその違いが曖昧になると指摘している[1]。

　この曖昧さゆえに、保育者や関係諸機関・施設または専門機関でさえも判断が揺らぐ要因となっている。保育者は、子どもに直接かかわり、保護者と日々対面しながら支援する職種である。子どもや保護者の傍らに寄り添いながら、その行為がもつ意味を見極める確かな判断力と保護者と子どもが置かれた状況を読み解く感受性が求められる。

　最初はしつけのつもりであったとしても、いつの間にか無意識にしつけと虐待の境界を踏み越えてしまうことがある。虐待事例の多くにその傾向がみられる。このため、児童福祉法および児童虐待防止法において、親権者による体罰禁止が明記された改正法が2020（令和2）年4月より施行される。いずれにしても児童虐待は、子どもの側に立ったとき、子どもの最善の利益という視点から、その行為をどのように受けとめられるかが一つの判断基準となる。周辺の人々がいち早く親子の変化に気づき、声をかけていくことで、事態の深刻化を未然に防ぐことができる[*1]。

*1　しつけと虐待については、第2章（p.33）を参照。

▼**児童虐待のリスク要因**

　児童虐待の予防や早期発見のためには、虐待のリスクに対する見極めも重要になる。保育者は日々子どもや保護者にかかわる中で気づきを得る可能性が高い職種である。「子ども虐待対応の手引き」では、表10－1のように虐待のリスク要因を示している。

▼**児童虐待の防止および早期発見のための地域ネットワークづくり**

　2004（平成16）年の児童福祉法改正によって地方公共団体は、保護が必要な子どもやその保護者に関する情報交換や支援方法の協議を行うため、関係諸機関で構成される要保護児童対策地域協議会（子どもを守る地域ネット

表10−1　虐待に至るおそれのある要因・虐待のリスクとして留意すべき点

1．保護者側のリスク要因
- □妊娠そのものを受容することが困難（望まない妊娠）
- □若年の妊娠
- □子どもへの愛着形成が十分に行われていない（妊娠中の早産などなんらかの問題が発生したことで胎児への受容に影響がある。子どもの長期入院など）。
- □マタニティーブルーや産後うつ病など精神的に不安定な状況
- □性格が攻撃的・衝動的、あるいはパーソナリティの障害
- □精神障害、知的障害、慢性疾患、アルコール依存、薬物依存等
- □保護者の被虐待経験
- □育児に対する不安（保護者が未熟等）、育児の知識や技術の不足
- □体罰容認などの暴力への親和性
- □特異な育児観、強迫的な育児、子どもの発達を無視した過度な要求　　　等

2．子ども側のリスク要因
- □乳児期の子ども　　□未熟児　　□障害児　　□多胎児
- □保護者にとってなんらかの育てにくさをもっている子ども　　　等

3．養育環境のリスク要因
- □経済的に不安定な家庭　　□親族や地域社会から孤立した家庭
- □未婚を含むひとり親家庭　　□内縁者や同居人がいる家庭
- □子連れの再婚家庭　　□転居を繰り返す家庭
- □保護者の不安定な就労や転職の繰り返し
- □夫婦間不和、配偶者からの暴力（DV）等不安定な状況にある家庭　　　等

4．その他虐待のリスクが高いと想定される場合
- □妊娠の届出が遅い、母子健康手帳未交付、妊娠健康診査未受診、乳幼児健康診査未受診
- □飛び込み出産、医師や助産師の立ち会いがない自宅等での分娩
- □きょうだいへの虐待歴　　□関係機関からの支援の拒否　　　等

出典：厚生労働省雇用均等・児童家庭局「子ども虐待対応の手引き（平成25年8月改正版）」p.29を一部改変

ワーク）を設置することができるようになり、2007（同19）年の同法改正にて、設置が努力義務化された。この会は、児童相談所や保育所などの児童福祉関係、教育委員会や幼稚園などの教育関係、保健・医療関係機関、警察・司法関係、NPO法人などの関連諸機関・施設により構成されている。

　特別な支援を必要とする保護者を継続的かつ組織的に見守っていくために、保育者には地域ネットワークを担う一員としての自覚が求められるとともに、所属する機関や施設が担うことができる役割について、組織内で検討することが必要なのである。

事例から考えてみよう

生育歴に葛藤しながら子育てに思い悩む母親

▼ **ねらい** ▼

『健やか親子21 検討会報告書（2000年11月）』では、児童虐待の発生要因について、①多くの親は子ども時代に大人から愛情を受けていなかったこと、②生活にストレス（経済不安や夫婦不和や育児負担など）が積み重なって危機的状況にあること、③社会的に孤立化し、援助者がいないこと、④親にとって意に沿わない子（望まぬ妊娠・愛着形成阻害・育てにくい子など）であることの4つの要素がそろっていることが、過去の研究で指摘されていると述べている[2]。

この事例では、児童虐待が起こる背景となる家族の構造上の問題を学ぶ。同時に、保護者自らの行為が子どもにどのような影響を及ぼしているのかを自覚することにより、保護者自身が傷つくことがあるため、保護者自身が立ち直るきっかけをつかめるような支援のあり方について学ぶ。

ショート事例

　Ｉさん（26歳）は、4歳児のＪ子を保育所に通わせている。夫は単身赴任で外国の系列会社に出向して3年になるが、まだ帰国のめどが立っていないという。夫の両親が近くに住んでいるが、気を遣うので頻繁に自宅に来てもらうわけにもいかないという事情を抱えている。また、Ｉさんは普段からあまり子育ての悩みや自分自身のことを人に話さず、どちらかというと抱え込むタイプであった。

　<u>担当保育士は最近、Ｉさんの表情に精気がみられず、Ｊ子に対する口調がきつくなっていることが気にかかっていた。また、Ｊ子の着衣がたびたび乱れており、食事の食べこぼし跡が目立つようにもなっていた。</u>1)

　<u>家庭訪問の際、</u>2) 雑然とした部屋の様子が気にかかりながらも担当保育士が「最近、お疲れではないですか？」とＩさんに声をかけると、ソワソワしながら「そんなことはありません」と返すのみだった。その後、しばらく様子を観察していたが、ある日Ｉさんから担当保育士に相談があった。話を聞くと、「私がやらなくて誰が代わりをしてくれるというのだという気持ちで、一生懸命子育てをやってきたつもりだが、Ｊ子の泣き声を聞くと怒りが込みあげてきて抑えられないときがある」ということを涙ながらに語り出し

たのである。さらに耳を傾けて聞いていくと、3) そうした意識で、子育てに没頭していたIさんだが、自分がなんとかせねばという意識が強すぎるあまり、子どもに対する不適切な行動を起こしてしまうようになったのだという。

その後、Iさん自身も母親から厳しく育てられたということがわかった。大学時代は、自分の生い立ちをたどるため社会福祉を学んだようだ。大学で学ぶうちに、もしかすると、自分の幼い頃の母親からのかかわりは"虐待"といわれるものなのではないか、と感じはじめたという。そのころから、母親を意識的に遠ざけるようになり、関係がギクシャクするようになったようである。同時に、自分に子どもができたら母親のようなかかわり方はするまいと心に誓ったという。現在は、自分が子育てをするようになって、母親が置かれた当時の心理状態にも目を向けるようになり、親子関係は改善されている。その反面、そのような意識をもちながらも、うまく子どもと向き合えていない自分に焦燥感が募っての相談であった。

演習課題

① 下線部1)の降園時や行事などで顔を合わせたときに、保育者はIさんにどのようにかかわればよいですか。家族状況やIさんやJ子の様子からうかがうことができるIさんの心情に着目してみましょう。また、状況によっては関連機関・施設と支援体制をつくっていく必要も考えてみましょう。
② 下線部2)の家庭訪問の際、保育者はどのようなことを観察すべきか、考えてみましょう。
③ 下線部3)のように保護者の立場を理解し、共感的に耳を傾ける姿勢は保育者の資質であり子育て支援のスキルの一つだといえます。Iさんの事例の場合、耳を傾けて思いを聴くという保育者の姿勢はどのような点で効果的だったといえますか。

2 ひとり親家庭への子育て支援

ひとり親家庭の現状理解と子育て支援の視点

▼ひとり親家庭とは

以前は、「父子家庭」「母子家庭」と呼ばれていたが、「父子」「母子」といった片方の親に限定した呼称は、本来あるべきものがないというマイナス面の

印象が強く働くため、「ひとり親家庭」と表現されるようになった。婚姻関係に基づく結婚に対する意識やライフスタイルの変化により、近年ひとり親家庭も家族の一形態として定着してきている。

▼ひとり親家庭になる理由

ひとり親世帯は、かつては死別が多数を占めていたが、厚生労働省が発表した2016（平成28）年度の「全国ひとり親世帯等調査結果報告」によると、ひとり親世帯になった理由は「離婚」が最も多く、母子世帯で79.5％、父子世帯で75.6％を占めている。1983（昭和58）年度がそれぞれ49.1％、54.2％であったから、離婚率が大幅に上昇していることがわかる。

ひとり親家庭となった理由にはさまざまな背景があるため、その事情を理解し、先入観でとらえないようにしなければならない。苦しい経済事情を抱える世帯も多く、保育者には、保護者が安心感をもって子どもを預け、働くことができるような理解的態度が求められる。個々のひとり親家庭の状況を把握し、ひとり親家庭であるがゆえの保護者や子どもの困難を着実にキャッチしていくことが必要である。

▼ひとり親家庭の経済状態

前述の「全国ひとり親世帯等調査結果報告」によると、母子世帯の母の年間就労収入の平均は、2016（平成28）年度調査では200万円であり、200万円未満の割合が58.1％を数える。2011（同23）年度調査では181万円であり、200万円未満の割合は64.0％であった。収入は上昇傾向にはあるが、依然としてパート割合が高い母子世帯における貧困は、この現状から分かるように社会問題化している。

一方、父子世帯の父の年間就労収入の平均は、2016（平成28）年度調査では398万円であり、2011（同23）年度調査の360万円から回復傾向にある。しかし、急激なライフスタイルの変化により転職を余儀なくされる場合があるなど、父子世帯も厳しい生活状況に置かれている。

ひとり親家庭への対策は、特に厳しい状況のもとにあった母子世帯を中心に行われてきたため、父子世帯対策は立ち遅れている。そのため、2012（平成24）年9月に「母子家庭の母及び父子家庭の父の就業の支援に関する特別措置法」が成立し（翌年3月に施行）、就業を通した経済的支援策を講じることになった。また、従来の「母子及び寡婦福祉法」は、2014（平成26）年の法改正による対象拡大にともない、その名称が「母子及び父子並びに寡婦福祉法」（以下、「母子父子寡婦法」という）へと改められた。

▼ソーシャルワークの知見の必要性

ひとり親家庭には複雑な事情を抱えるケースが多く、通常保育の現場で用

いられるような子育て支援の知識や技術だけでは対応しきれない場合があり、特別な支援を必要とするケースとしてとらえられる。それぞれのケースに応じた何層にも及ぶ福祉制度のしくみや家族の全体を視野に入れたソーシャルワークの知見を理解しておくことにより、他職種、関係機関・施設と連携を図りながら課題解決につなげていくことが可能となる。

保育士は子どもの保育を中心に担ってきたが、まだ十分体系化されていないものの、近年「保育ソーシャルワーク」が提唱されている。保育士は社会福祉士や精神保健福祉士のようにソーシャルワーク業務を丸ごと担うわけではない。ひとり親家庭への子育て支援に限らず、現代の保育現場には多面的な視野から支援を行う必要がある課題が山積している点をふまえると、保育士の専門性における保育ソーシャルワークの位置づけについて、改めて検討すべき段階にあるといえよう。

ケース2 事例から考えてみよう
離婚後、2人の子どもを育てるひとり親家庭

▼ ねらい ▼

母子世帯への支援は、子育てと職業的自立の両立を含めた母親の自己実現を視野に入れて支援を行うことでもある。そのためさまざまな制度やサービスが用意されている。保育サービスの利用に関しても、「母子及び父子並びに寡婦福祉法」第28条第2項に、保育所などの利用に関して「母子家庭の福祉が増進されるように特別の配慮をしなければならない」と規定されている。離婚理由に関しても、経済的な問題もあればDV（ドメスティック・バイオレンス）である場合もある。

ここでは、心理的にも物理的にも追いつめられ、孤立することがないよう、さまざまな社会資源とつながっていくことができるような重層的な支援について学ぶ。それは、健やかな子どもの育ちを保障するための支援でもあることを理解する。

📝 ショート事例

Kさん（25歳）は母子世帯で、現在、小学生になったばかりの長男と2歳児のL奈を育てている。夫とはすでに離婚しており、子どもの面倒をみながらスーパーのパートでなんとか家計を支えている。1) Kさんの父親はすでに他界しており、母親も体調を崩しているため、子どもの面倒を頻繁にみ

てもらうことができない。そのため、子どもが病気になったときなど、パートを休まなければならないこともしばしばである。

　Kさんは、L奈を保育所に預けると、保育士や他の保護者と十分に会話することもなく急ぎ足で園を後にする。迎えの時も表情がこわばっていることがたびたびあり、挨拶もままならず、L奈の手を引いて足早に降園するのだった。その様子から担当保育士には、Kさんが心身ともに相当疲れ切っているようにうかがえた。

　ある日、L奈が高熱を出したためKさんに連絡を入れ、保育者が迎えに来てほしいと伝えたところ、2)　Kさんは、「正社員になれるかどうかの瀬戸際なのです。すぐに帰ることはできません。子どもが大きくなってきて、将来のことを考えなければならないし、元夫も頼りにはならないのです。私がなんとかしなければならないのです」と言い放ち、泣き崩れたのだった。3)

　Kさんは十代で第一子を妊娠・出産したが、夫の暴力が原因で一度離婚している。その後、再びやり直したいと元夫が申し出て復縁することになり、第二子を妊娠・出産している。しかしながら、夫は定職に就かず口論が絶えなかった。ついに、2度目の離婚をすることになったが、養育費や慰謝料などの問題もあり、1か月後に家庭裁判所の調停を控えているという。

演習課題

① 下線部1)のような、母子世帯が抱える困難から、さらにどのような生活課題が想定されますか。また、父子世帯の場合も合わせて考えてみま

② 下線部2)のケースのように、保育者は保護者の状況をふまえ、伝え方に配慮することが必要となります。このような場面で、保育者に必要な配慮とはどのようなことですか。また、どのような社会資源により保護者のニーズを支えることができますか。

③ 下線部3)のKさんの発言からは、追いつめられた現在の状況を察することができます。Kさんの状況に適合した社会資源にはどのようなものが考えられますか。

3 障害のある子どもを育てる保護者への子育て支援

○ 障害のある子どもへの理解と子育て支援の視点

▼子どもの障害

　子どもが抱える障害にはさまざまな形態がある。四肢体幹に障害がある肢体不自由、内臓機能の障害、視覚機能の障害、聴覚・言語機能の障害、知的障害、発達障害などである。

　見た目にわかりやすく周りの人々から支援を得やすい障害から、一見したところではわかりにくく、周りの人々の理解を得ることが難しい障害もある。また、「気になる子ども」など、医師の診断による障害の枠組みでとらえられない、判断の難しいケースもある。

　一人の子どもとしてみるということに加えて、障害があることによる特別なニーズを支えるきめ細やかな配慮が必要である。そのため、保護者とよく相談しながら、そのニーズに応えるために、園内で必要な配慮を行い、関連機関・施設との連携を深めていかなければならない。

▼「気になる子ども」と発達障害

　一概に結びつけて考えることはできないが、近年「気になる子ども」と発達障害の関連が注目されている。

　図10-1に示すように、発達障害とは、「発達障害者支援法」第2条によると、「自閉症、アスペルガー症候群その他の広汎性発達障害、学習障害、注意欠陥多動性障害その他これに類する脳機能の障害であってその症状が通常低年齢において発現するもの」のことをいう[*2]。そして、発達障害者とは、「発達障害がある者であって発達障害及び社会的障壁により日常生活又は社会生活に制限を受けるもの」とされる。なお、「社会的障壁」については、

*2
自閉症の特性をもつ障害は「アスペルガー症候群」「広汎性発達障害」などに分けられていたが、DSM-5（『精神障害の診断と統計マニュアル［5訂版］』）により、これらを別々の障害ではなく一つの集合体として「自閉症スペクトラム障害」という考え方が導入された。

図10−1　発達障害者支援法による「発達障害」の分類と特性

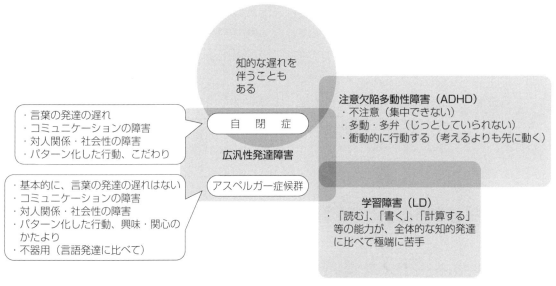

出典：厚生労働省ホームページ「発達障害者の理解のために」
　　　http://www.mhlw.go.jp/seisaku/dl/17b.pdf（2015年11月1日）を一部改変

2016（平成28）年の同法改正により新たに加えられた。

また、同法第7条には、保育所における保育を行う場合や、認定こども園または家庭的保育事業などにより必要な保育を確保するための措置を講じる場合、「発達障害児の健全な発達が他の児童と共に生活することを通じて図られるよう適切な配慮をするものとする」と規定されている。

脳機能の障害で症状が早期に発現していても、幼少期は「気になる子ども」として見過ごされ、その後、発達にともなってその行動特性がより顕著になり、診断を受けてはじめて障害とわかることが多いのも特徴である。

▼障害のある子どもと家庭支援

障害のある子どもを育てる保護者の子育て支援においては、その心理特性や生活課題に目を向ける必要がある。子どもの障害を受容し、前向きに生きようとしている保護者もいれば、現実を受けとめきれないでいる保護者もいる。保育者は、障害受容に至るまでの過渡期を支える一場面に立ち会う存在といってもいいだろう。障害のある子どもを育てながら、保護者もまた子どもとともに成長する過程を歩んでいくのである。そのためにも、外部のさまざまな社会資源との接点をもつよう促し、子どもの発達に向けて可能性を実感できるような支援が求められる。

また同時に、親の気持ちが障害のある子どもに注がれることで、きょうだいは独特の心情を抱えていることが多い。一方で親は、きょうだいに十分に

第10章　特別な支援を必要とする保護者への支援

かかわることができないことを悩んでいることも多い。いらだちをきょうだいにぶつけ、つい言いたくないことを口にしてしまうこともあるだろう。親の心情を理解しつつも、友だちの家庭との違いを感じながら、複雑な心境に立たされているきょうだいの存在も忘れてはならない。

したがって、障害のある子どもを育てる家庭を支援するためには、保護者だけではなくきょうだいにも目を向けて、家族全体を視野に入れた支援が必要なのである。

ケース3　事例から考えてみよう
子どもの園での様子を受け入れられない母親への支援

▼ ねらい ▼

障害がある子どもを育てる保護者への支援の前提となるのは、その心情を理解するということである。わが子の障害を受容し、子どもとともに障害に向き合う覚悟が備わっているのか、その程度によって支援のあり方が変わってくる。たとえば、一定の知識や経験をもつ保育者が子どもの様子に気づいたとしても、保護者へどのように情報を伝えるかということは非常に重要である。この伝え方いかんによっては、保護者の子育てを否定したと受けとられたりして信頼関係の基盤を失ってしまうことも考えられるからである。

この事例では、保護者の心情を受けとめながら、一人の子どもとして誰もが経験するであろう発達過程に対する支援と、一人ひとりの障害の特性を理解したうえでの支援について学んでいく。

ショート事例

Mさん（36歳）は在宅で2歳になるN之を育てている。結婚して10年になるが、夫婦の間になかなか子どもができず、不妊治療をしてようやく授かった子どもであり、喜びもひとしおであった。　その後、日頃より口数が少ないN之のことが気になっていたMさん。たまたま居住している区の子育て支援センターを通りかかった際、近所のE保育所が地域子育て支援プログラムの一環として実施している園庭開放の掲示をみて参加することにした。

しかしながら、園でのN之はあまり笑顔を見せず、ひとりぼっちで遊んでいる。"ひとりぼっち"というよりもむしろ、一人遊びに没頭しているといっ

たほうがいいのかもしれない。保育者の働きかけに対しても視線を合わせることはあまりなく、表情の変化もあまりみられなかった。

　一人でミニカーを動かして遊んでいるところを、別の園児に邪魔されたＮ之はパニックになり、近くにあるおもちゃをその園児に投げつけ、軽傷を負わせてしまった。Ｎ之は泣きじゃくり、保育者がどれだけあやしても泣き止まなかった。Ｎ之はこの件以外にも、まるで火がついたように泣き出すと、手がつけられないほど激しく泣きわめき、声をかけると一層激しく泣く様子がたびたび見られたのだった。

　<u>保育者が、ＭさんにＮ之の園での様子を伝えると、</u>2)「Ｎ之は引っ込み思案だけで、それをうまく子どもたちの輪の中に溶け込めるようにするのがあなたたちの役割ではないですか。同じような年齢の子どもたちと交流できればとの思いからせっかく参加させたのに、どういうことでしょう！」と、かなりの剣幕で声を張り上げたが、<u>急に涙声になり、不安な心情を保育者に伝えたのだった。</u>3)

演習課題

① <u>下線部</u>1)のような状況で、Ｍさん夫婦が子どもを授かったときの心情はどのようなものでしたか。さらに、そうまでして授かった子どもに障害が発見されたとしたら、どのような気持ちになりますか。

② <u>下線部</u>2)のようなとき、保育者がＭさんに対して、どのような情報をどのように伝えるかということは初期の対応として非常に重要です。あなたならどのように対応しますか。

③ <u>下線部</u>3)の場面において、保育者はＭさんのことばを受けとめ、ど

のように反応すればよいですか。

【引用文献】
1）川﨑二三彦『児童虐待―現場からの提言―』岩波書店　2006年　p.29-30
2）健やか親子21検討会「健やか親子21検討会報告書―母子保健の2010年までの国民運動計画―」

【参考文献】
川﨑二三彦『児童虐待―現場からの提言―』岩波新書　2006年
金子恵美『増補 保育所における家庭支援―新保育所保育指針の理論と実践―』全国社会福祉協議会　2010年
橋本真紀・山縣文治編『やわらかアカデミズム・〈わかる〉シリーズ　よくわかる家庭支援論［第2版］』ミネルヴァ書房　2015年
柏女霊峰・橋本真紀編『新・プリマーズ／保育　保育相談支援』ミネルヴァ書房　2011年
橋本好市・直島正樹編『保育実践に求められるソーシャルワーク―子どもと保護者のための相談援助・保育相談支援―』ミネルヴァ書房　2012年
母子愛育会日本子ども家庭総合研究所編『子ども虐待対応の手引き―平成25年8月厚生労働省の改正通知―』有斐閣　2014年
赤石千衣子『ひとり親家庭』岩波新書　2014年
柴崎正行編『障がい児保育の基礎』わかば社　2014年
西尾祐吾監修、立花直樹・安田誠人・波田埜英治編『保育の質を高める相談援助・相談支援』晃洋書房　2015年

第11章　問題・課題のある保護者への支援

トシ先生　みなさんが保育所に勤めたら、さまざまな保護者に出会うことになるでしょう。多くの保護者は保育所に協力的で、保育士に子どもの成長を支えてもらい感謝していると思います。しかし、ときには子育てに余裕がなくて保育所任せになったり、保育所の対応に不満をもったりする保護者がいることを知っておく必要があります。

みらいさん　そうですか。少し不安になります。しかし、そのようなときの対応も事前に学んでおけば、少しは慌てずに対応できますね。

トシ先生　現場にいれば、クレームへの対処のほかにも、問題のある保護者や無理な要求をしてくる保護者に対応する場面もあるでしょう。そのような場合、基本的には責任のある立場の園長（所長）や主任保育士などが対応しますが、対応の基本を事前に学んでおくことは、適切かつ冷静な対処につながりますよね。

みらいさん　保護者の間でトラブルというのもあるのでしょうか？

トシ先生　保育所では、多くの場合保護者も働いていますから、どちらかと言えば保護者間の交流の機会は少ないでしょう。しかし、子ども同士がケンカしたり、ケガを負わせてしまうこともあるかもしれません。それが原因で、保護者間のトラブルに発展する可能性もありますから、保育士がその間に立って仲裁する場面もあるでしょう。

みらいさん　そのようなときは、子どもと保護者、双方への対応を求められるのですか？　大変ですね…。

トシ先生　子ども間のトラブルは、日常の保育の中で頻繁にあることですから、保育者として当然の業務であると心構えをしておいてくださいね。そのなかには子どもにとって成長や学びにつながる経験が含まれていることもありますので、その点を保護者に伝えていくことも大切です。

みらいさん　そうでした。保護者間のトラブルも、子どもの視点に立って解決に導くようにしていかなければなりませんね。

トシ先生　そうです。それでは、ここでも事例を用いて対応方法を考えていきましょう。

1 養育上に不適切なかかわりがある保護者への支援

① 子育て支援と保育士の役割

　保育ニーズの拡大や保育所が果たす役割への期待とともに、保育所が受ける相談内容は変化してきた。保育所において育児相談がはじまった当時、主に保育所が蓄積してきたノウハウを生かした育児（離乳食を含む食生活や栄養の問題、排泄、睡眠などの生活習慣、発達に応じた遊びや遊具など）に関する指導・助言が想定されていたが、多様な保育ニーズに対応するようになってからは、子育てのHOW TO（ハウトゥー）に加えて、家族間の問題や近隣の人間関係の相談も持ち込まれるようになった[1]。

　とりわけ、養育上の不安を抱える親が多く、他の要因とからみ合うことで複雑かつ難解な生活課題となってしまっているケースもある。図11-1に示すように、保育所が気づきやすい家庭内の生活課題は、a)「親の養育意欲・

図11-1　保育所からみえる家庭の課題

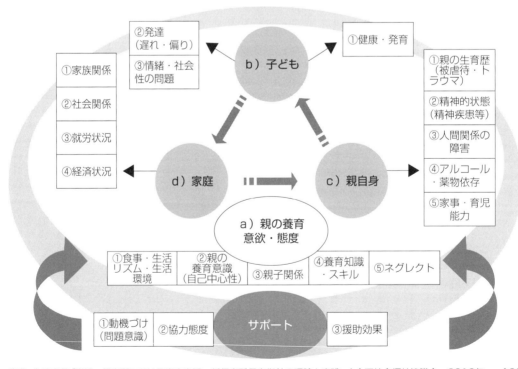

出典：金子恵美『増補　保育所における家庭支援―新保育所保育指針の理論と実践―』全国社会福祉協議会　2010年　p.100

態度」、b）「子ども」に関する内容を中心に、背後に、c）「親自身」、d）「家庭」に関する内容が潜んでいる場合もあるなど、その姿は多様である。

　保育士は、自身が所属する組織で「対応できること」と「できないこと」を見極め、ケースの内容によっては地域の諸機関・専門職と連携したり、ファシリテーター（調整役）として橋渡しをする役割が求められる。

② 子育て支援の実際

▼子育て支援を行う際の視点

　"保護者が悩みを誰かに打ち明ける"ことは、一見簡単な行為のように見えるが、見方を変えれば相談相手に自分自身の弱い面をさらすことでもある。それゆえ、生活課題が発生している状況が明らかでも保護者が相談することを躊躇している可能性を考慮しておく必要がある。場合によってはアウトリーチ*1を検討することも重要である。

　相談が持ち込まれると保護者の主訴を明らかにしていくが、すぐに満足する回答を出すことは難しい。また、さまざまな要因が複雑にからんだ環境下にある保護者が、現状を短い時間で理解することを期待するのは現実的ではない。まずは、一つひとつの生活課題にしっかりと向き合えるように保護者の気持ちや考えに寄り添うこと。そのうえで保護者のもつ養育力に気づき、その「がんばり」を認めて支持していくこと。そして、生活課題の緩和・解決に向けてともに取り組む際には"保護者に対して教える態度"で接するのではなく、"保護者が自分で答えを導き出せる"ように働きかけることを心がけたい。

*1　アウトリーチ
相談に来るのを待つばかりではなく、生活課題などを抱えている人々に積極的に働きかけ、相談や支援につなげていく活動のこと。

▼保護者の養育力向上に向けた支援

　現代社会では、仕事と家事の両立や家族の小規模化にともなう子育ての負担、不安や悩みを打ち明けられる身近な存在がいないなど、子育てに負担感・不安感を抱く保護者は少なくない。加えて、父親が育児になかなか参加できない場合には、母親の負担や不安はさらに増すことになる。

　このような現況を背景に、身近な子育ての専門職である保育士への期待は高まる一方であるが、保育士の職務が家庭養育の代替的な役割だけであってはならない。

　本来、保護者を支援していく際には、その主体性を尊重しつつ、保育士は側面的にかかわる中で保護者のもっている力を引き出すことが重要である。このようなエンパワーメントの視点をふまえて、保護者自らが生活課題を認識・対処できるように支援していくことは"養育力の向上"のためには大切

であり、保護者が成長することは、結果として子どもにとって望ましい養育環境がつくられることにもつながる。

事例から考えてみよう
子どもとかかわる中で見えてきた家庭での養育の姿

> ▼ **ねらい** ▼
> 　保育者は、その専門性を生かして保護者の気づきや行動を促し、「子どもの発達への気づき」や「親としての力」を支えている。これを可能とするのは、子どもや保護者が置かれた状況を敏感に感じとり、ささいな変化も見逃さない観察力・洞察力にほかならない。
> 　本事例は、保育所において子どもの生活場面にかかわっていく中で、家庭での不適切な養育の状況が見えてきた子育て支援のケースである。事例を通して、保護者の思いを受けとめるという対象者理解の視点と、それをふまえた母親への対応について考えてみたい。

ショート事例

　O果（1歳8か月）は、現在、母親のPさんと姉（中学2年生）の3人暮らしのひとり親家庭である。これまでは勤務先に設置されていた託児室を利用していたが、転職にともない公立の保育所を利用するようになった。O果の姉が幼いときは幼稚園を利用していたため、保育所ははじめての利用であった。

　保育所の入所前面談の際、Pさんは仕事を変えたことによって仕事と家庭の両立に悩んでいる様子がうかがえたが、それでも保育所での生活に必要な持ち物などについて説明すると「朝は準備でバタバタするので、必要な持ち物は夜のうちに準備しておきます」と前向きな発言をしていた。

　入所すると、持ち物に関しては日頃から気にかけており、何かあれば保育士に直接確認する姿が見られた。しかし、登所時にオムツが交換されていない不衛生な状況がたびたび見られたため、保育所ではその都度対応をしていた。1) そのたびにPさんは、「途中でしちゃったのかな」「うまくオムツがあたっていなかったのかな」などと理由を付け添えるが、オムツが尿を吸収しすぎてパンパンになっていたり、便が尿と混ざってしまいもれ出して着

衣が汚れていたりと、いずれも明らかに長時間にわたってオムツが交換されていないと思われる状態であった。このような状況が続いたことから、保育士はPさんにO果への育児に意識・関心をもってもらう必要があると強く感じた。2)

そんな矢先、排便がゆるい日があった。お迎えの際に保育士が「O果ちゃん、昨日帰ってから体調を崩したような様子はありましたか？」と聞くと、Pさんは「どうだろう…、特に気にならなかったけど…」と答えた。体調面に変化がなく、かつ前日のお迎えのときまで便の状態も特段変わりはなかったことから、O果が一時的にお腹をくだしている可能性があると考えた保育士は、「昨日の夜は何を食べましたか？」と聞くと、Pさんは「えっと…、何だって言っていたかなぁ…」とつぶやいた後、「あ、シチューって言っていました」と思い出したように答えた。その発言に驚いた保育士は「普段、ごはんはどうしているんですか？」と聞くと、「最近仕事で疲れてしまっていて、帰ってからはO果が寝るまでお姉ちゃんが世話をしてくれているんです。仕事に追われて子育てが後回しになってしまっていて…」3)と答えた。

演習課題

① 下線部 1) について、事例にあるような対応を保育士が取り続けることをどのように評価しますか。
② 下線部 2) について、あなたが担当保育士であれば、O果の今の状況をどのように説明しますか（下線部以外の文脈は考慮しなくて構いません）。
③ 下線部 3) のような内容を打ち明けたPさんの気持ちをどのように受け止めますか。そのうえで、あなたであればどのような言葉をかけますか。

2 苦情を繰り返す・不当な要求を行う保護者への支援

① 子育て支援におけるニードのとらえ方

苦情や要求など、さまざまな形で表出される家族からの意見はどのように取り扱っていけばよいのか。上田敏によれば、希望的観測をも含めた本人の主観によってとらえられたデザイア（欲求）、その気持ちが顕在化して表出されたデマンド（要求・要望）、客観的に見て本当に必要としているものを

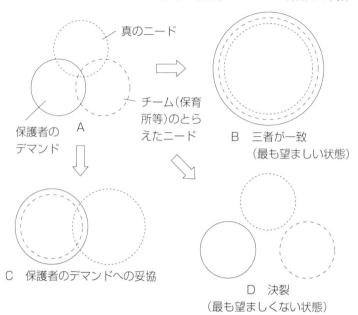

図11-2 保護者のデマンド（要求・要望）とチームの認識との関係

出典：上田　敏『リハビリテーションを考える―障害者の全人間的復権―』青木書店
　　　1983年　p.174を一部改変

指すニード（必要）の構造からとらえていく必要があり、「真のニード」「チームがとらえたニード」「デマンド」の間にはズレはあるが、三者に共通する部分から一致させていくことが最も望ましいという[2]（図11-2のB）。

　しかし、実際には「保護者のデマンド」と「保育者らがとらえたニード」は必ずしも一致せず、図11-2のDに示すように対立したり、「真のニード」との間にズレが生じる場合もある。また、実際に保護者からの訴えを受けると、デザイアやデマンドばかりに目がいき、それらを優先した対応を検討しがちである。保護者からの訴えに対して受け身の姿勢をとることは、場合によっては負の連鎖を招き、過剰な要求に応じてしまうことにもなる。保育者が有する専門的な知識や技術は、このような場面において物事を適確に峻別・判断し、当事者に必要な「真のニード」を的確にとらえていくための根拠となる。そして、ニードをとらえる際には、心情や感情などの内面的な部分や身体的な状態や生活の状況も把握したうえで、今必要なことと長期に必要なことの両面から考えて実践につなげていく視点も必要であろう[3]。

② 苦情・不当な要求への対応

▼苦情等の位置づけと組織での対応

　保育者が保護者から訴えを受ける主な内容には、保育場面で生じたケガのほか、子ども間の友達関係、保育の体制・環境などがあげられる。その中には質の高い保育をめざしていくうえでの重要な示唆を含んでいるものもある。そうした意見の場合、改善すべき事柄に誠実に対応していくことはいうまでもない。しかし、現実には不当な要求が含まれていることも多く、その際の対応は困難を極めることもある。また、安易に受け入れれば日常の保育に支障をきたす恐れもあることから適切な対応が求められる。

　須永進らの研究において、およそ半数の保育士が過去１年間に保護者からの要求に苦慮したケースがあったと答えているように[4]、保育現場では避けられない課題である。苦情や不当な要求が持ち込まれた際には、担任保育者のみ個人で対応するのではなく、組織全体で対応し、関係諸機関と連携を取りながら解決へと導いていくことが原則である（図11-3）。

▼保護者支援と倫理的ジレンマ

　子どもを取り巻く家庭や地域社会に視点を向けて、子どもの福祉の向上を考える際に、複数の倫理的な考えが重要で葛藤する場合、保育者はどれを優先すればよいかを悩む"倫理的ジレンマ"が生じることがある。その際には「子どもの最善の利益」を優先し、支援の中心は"子ども"であることを忘れずに、常に"子どもにとって望ましいことは何か"という視点から具体策を検討していくことが賢明な選択であろう。

図11-3　苦情に対する初期対応の流れ

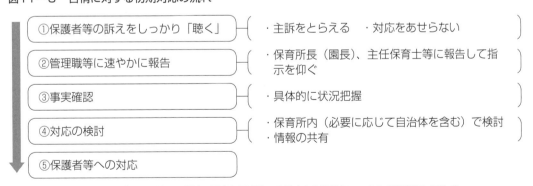

出典：岡山県教育庁指導課「学校に対する苦情・不当な要求等への対応」2009年　p.1を加筆修正して作成

ケース 2 事例から考えてみよう

保育所の対応を不満に思う保護者

▼ねらい▼

　保育所では、保育を円滑かつ安全に行うためにさまざまな約束事がある。苦情や要望という形で持ち込まれる保護者の意見をすべて取り入れていては、保育所が掲げる方針や活動のねらいなどの存在意義はなくなってしまう。その意味において、保護者からの訴えは、保育所の体制を見直す契機となる貴重な意見であると同時に、扱いを誤れば不適切な対応にもつながりかねない。

　一方で、保育者は子どもの成長発達のために必要な活動を考え、子どもの安全を確保しながら日々の保育を展開しているが、保護者の受け取り方次第では保育士と保護者の関係性の悪化も予想される。保護者に正しく理解してもらうためにも、丁寧に対応していくという基本姿勢はいかなる場合でも崩してはいけない。以上のポイントに注意して、本事例を読み解いてほしい。

ショート事例

　Q也（3歳）のクラスでは保育参観の発表会で劇遊びを行うことになり、おたよりを通して保護者に日時や劇のタイトルを伝えた。

　数日が過ぎたお迎えのとき、Q也の母親のRさんに担任の保育士Aが対応していると、Rさんは発表会で行う劇が単調であるとして、上の年齢と同じようにいろいろな役や台詞が出てくるものにしてほしいと訴えてきた。保育士Aは子どもの発達（年齢）をふまえて「クラス全員で行うこと」を考慮した劇であることを説明して、なんとか納得してもらうことができた。1)

　参観日当日、Q也のクラスの劇を映像で残そうと思ったRさん夫婦は、撮影場所として設定されたお遊戯室の後方でビデオカメラを構えたが、すでに多くの保護者が陣取っていた。劇の終了後、父親は近くにいた保育士Bにつめ寄ると、「人が多いし、場所の設定が悪い。子どもの姿がよく見えなかったじゃないか！」と語気を荒げた。保育士Bは、会場の都合上、座席や撮影場所に関しては先着順とすることを事前に伝えていたことを話すが、父親は「そんなことはそっちの都合だろ」と言って納得をせず、「参観をもう1回やるべきだ」と訴えた。困ってしまった保育士Bは、迷惑をかけたことを謝罪し、Q也の両親が再度劇を見ることができる機会の設定について園内で検討

第11章　問題・課題のある保護者への支援

していくことを伝えた。2)

　連休を挟んだある日、登所の際にQ也が時折咳き込み、鼻汁も出るなど風邪の症状があったことから、Rさんは、「熱はないんだけど、前に医者でもらった子ども用の風邪薬を持ってきたので、日中に悪くなるようなら飲ませてほしい」と相談してきた。保育士Aは、トラブルを避ける観点から現在の症状（疾患）に対して、医師の指示のもとに処方された薬以外の服用はきまりでできないことを説明すると、Rさんは仕事に急いでいる様子で「飲ませられないのならいいです。また帰りに。本当に時間がなくて」と言うと、Q也に声をかけて慌ただしく仕事へと向かった。その日の夕方、お迎えの際にRさんは保育士Aを見つけると朝の会話を持ち出した。Rさんは「きまりはわかりますけど、親がいいって言っているんだから問題にもならないだろうし、前に医者から出されたこの子の薬なんだから大丈夫でしょ!!」と答えた。3)

演習課題

①　下線部1)について、あなた自身が、劇が単調であることを不満に思う母親のRさんの立場であるならば、保育士Aからどのような説明があれば理解を示しますか。

②　下線部2)について、保育士Bの対応をどのように評価しますか。

③　下線部3)について、相談してきた母親に説明するにあたり、「薬の服用」と「保育所での対応」について理解を得るために重要と思われる着眼点を考えてみましょう。

保護者間トラブルを抱える保護者への支援

○ 保護者間トラブルと保育士の対応

▼保育所外の保護者間トラブル

　保育所外の保護者間トラブルの要因は、近隣の出来事によるものに限らず、ときとして「保護者会」がきっかけとなる場合もある。保護者会とは、夏祭りやバザーなどの行事を行うことを目的とする保育所から独立した組織であり、年度はじめに役員が選出され運営されている。普段は登所・降所の時間が異なるため親しくなる機会が少ない保護者同士の親睦のよい機会となっているが、役員の選出方法や行事への貢献度合いについての不満などをきっかけに、一転して保護者間のトラブルに至るケースも見られる。

▼保育所内の保護者間トラブル

　保育所内では、子ども間の出来事が保護者間トラブルに発展する場合がしばしばある。遊具の取り合い、ぶった、ぶたれたなどの子ども間のいざこざが起こることは避けられない。主張のぶつかり合いのほかにも、いわゆる"気になる子ども"の存在が要因となることもあり、表11-1に示す場面などを例に保育所生活を送るうえでは、彼らへの理解が必要な部分も多い。

　一方で、子どもは理屈を抜きに遊びや活動を通してお互いを理解し、それが成長や学びへとつながっている面があるのも確かなことである。しかし、何事かが起こると保育所に「○○ちゃんと一緒に遊ばせないでほしい」と直訴したり、子どもの人間関係に神経質になる保護者もいる。

▼子ども間の出来事に対する保護者感情の理解など

　その場に居合わせない保護者からすれば、わが子への愛情や思いが子ども間の関係性に口を出す要因になったり、批判につながることは致し方ない部分もある。さらに、感情的になっている保護者には、当時の子どもの状況やその後の様子を知らせても理解を得ることは難しい。

　保育者が、まずもって行うことは、子どもの姿を心配する保護者の感情や意見をしっかりと受けとめて気持ちをくみ取ることであろう。また、手を出した子どもの保護者には、そのような行為に至らないように家庭内でも意識的に働きかけてもらう努力をしてもらうことや、嫌な思いをさせた相手の家庭への配慮について知らせることも大切である。

▼保護者への連絡（伝達）方法

　保護者への連絡（伝達）方法には、電話連絡もあるが、緊急を要する時以

表11-1　子どもを見るときの視点

場面	項目	主なポイント
遊び	運動遊び	全身の基本的な動き、協応運動、固定遊具の使い方、ルールの理解
	造形遊び	指先の巧緻性、表現力、創造性
	リズム遊び	リズム感、音程、音への過敏性、楽器の扱い方
	ごっこ遊び	役割理解、やり取り、想像力、おもちゃの扱い方
	その他	好みの遊び、一つの遊びへの集中時間、遊び終了時の切り替え おもちゃの譲り合い、順番や交代、友達とのかかわり方
生活	着替え	表裏や前後の理解、ボタン、ファスナー、靴の左右、着替える速さ、かぶりもの、はおりもの、靴下、手袋の左右や指
	食事	偏食、フォーク、スプーン、箸の使用、時間、マナー
	排泄	トイレの使い方、用便後の身だしなみ、男子の小便の仕方、女子の紙の使い方、おもらしの有無
	清潔	清潔についての理解と自律的行動、手の洗い方、汚れに対する反応、散髪、洗髪の習慣、鼻をかむこと
	片づけ	自他の区別、自分の置き場の理解と自律的行動、遊具の片付け
ことば	言語理解	個別場面での理解、集団場面での理解、一斉指示の理解
	言語表出	発音、声の高さや大きさ、語彙、使用することばの長さ、文の長さ、発話量
	コミュニケーション	身振り、表情などの非言語的なメッセージの理解と使用、話し出すタイミング、やり取りの奇妙さやずれ、ひとり言やおうむ返しなど不充分なコミュニケーションの有無
社会	集団行動	集団参加の仕方、補助の必要性
	友達関係	集団遊びへの参加の仕方、仲のよい友達、一緒に遊べる人数や時間や内容
	対人関係	母子分離、母親への親しみの態度、母親の後追い、初対面の人への警戒心、不安や苦痛の訴え方、人の援助の求め方
その他		こだわり、奇妙な癖、多動、パニックなど

注：出典元では「軽度発達障害児発見のポイント」として紹介されているが、障がいの有無を問わず保育場面において子どもの姿を見るときの視点としても援用可能な内容である。
出典：降籏志郎編『軽度発達障害児の理解と支援―子どもと家族への実践的サポート―』金剛出版　2004年　p.215

外はお迎えの際に伝達したり、連絡帳を活用することが多い。このとき、連絡帳などを用いて文章による説明を行う際には、保育者が記した内容の意図が伝わらない場合があるため注意しなければならない。たとえば、子どもがケンカをしたことを連絡帳で伝えた場合、人間関係や自己表現を学ぶ機会でもある意図がうまく伝わらず、保護者は「ケンカをした」という事実だけに着目してしまい、子どもが一方的に叱られてしまう短絡的な判断になりかねない。

　そのため、保護者が心配したり不安に思うような内容は、できるだけ直接伝えるようにしていきたい。事実関係をしっかりと伝えることは大切なことであるが、保護者に子どもの気持ちや成長を理解してもらうためには、その出来事が子どもの育ちにどのような経験となるのかを丁寧に説明する必要がある。また、出来事を通して子どもの成長が見られた部分があったとすれば、その喜びをともに分かち合えるように丁寧に説明を行い、"子ども理解"ができるように働きかけていくことも大切であろう。

ケース 3 　事例から考えてみよう

子ども同士のケンカが相手の保護者への不信に

▼ **ねらい** ▼

　保育者が注意して見守っていても、子ども間のいざこざは時としてケガを発生させてしまうことがある。遊びの中での出来事であったとしても、粗暴な行為による場合には、双方の保護者の心情は穏やかではない。それゆえ、粗暴な行為の問題が起きた際には、被害児と加害児双方の保護者への適切な対応が望まれる。
　子どもの粗暴な行為に対して、保育者はどのように対応していくのか。また、双方の保護者に対して、保育所はどのような役割を果たしていくのか。事例を通して、この２点について考えを深めてほしい。

ショート事例

　年長クラスは男児が多く、自由遊びのときは集団での遊びを好んでいた。その中心的な人物がＳ真とＴ平であり、いわゆるヤンチャな男児である。２人はよく言えば"活発な子ども"であるが、専門的にみるといわゆる"気になる子ども"であった。

　保育所の生活では、ブロックコーナーやボール遊びなど、Ｓ真とＴ平は好きな遊びが似ているため、気が合うときは合い、「これはこうするんだよ」「じゃあ、〇〇にしよう」と、一緒に楽しむ姿が多く見られた。このように仲よく遊ぶ反面、遊びのなかで主張がぶつかりあいケンカに発展することもあった。保育士は自由遊びの際は特に気に留め、モノの取り合いなどの状況が見られるときには適宜仲立ちするなどの対応をしていた。

　しかし、S真は「T平くんがボールを取った」と言い、T平を追いかけまわして最後には馬乗りになってボールを取り上げたり、ブロック遊びの場面でも、S真とT平が２人でつくっているものをT平が変えようとするとS真は興奮してT平の顔を引っかいたり1)と、Ｓ真がＴ平にケガをさせやすかった。保育士から見ると、保育所内で遊んでいる２人の関係は悪くなく、遊びの中で両者の意見がぶつかりあうことから生じたケンカが多い。それは常に一方に非があるのではなく、両者それぞれにケンカに至る要因があった。

　保育士は、ケガやトラブルがあると、その都度お互いの保護者に報告した。はじめのうちは、両方の母親ともに「子ども同士ではよくあること」と、特

に問題視することもなく聞いていた。また、普段お迎えの時間は異なるが、保護者同士が顔を合わせたときにはＳ真の母親がＴ平の母親にケガをさせたことを謝る姿もあり、家でも言い聞かせることを約束する姿も見られた。

　そんなある日、Ｔ平が「Ｓ真くんに押し倒された」「遊んでたらボールを取られた」と家庭で話すことから、いじめがあるのではと心配した母親のＵさんは保育士に相談をした。保育士が保育所内でのＴ平の普段の様子を話すと安心した表情を見せるが、ケガが治るころに、また新しいケガをつくってくるため、複雑な心境である2) ということであった。そして、Ｕさんの語りはＳ真への不満から、次第にその対象はＳ真の母親へと移った。母親は保育士に不満を打ち明ける3) と、「普段の遊びのなかでもＳ真くんとなるべく遊ばないようにしてもらえませんか」と申し出た。4)

演習課題

① 下線部1)のように、子ども同士のいざこざのなかで暴力行為がみられた際に、保育士はどのような対応をすればよいですか。
② 下線部2)について、Ｕさんの悩みを支えていくには、どのような点に配慮が必要だと考えますか。
③ 下線部3)について、Ｕさんの不満の矛先がＳ真からＳ真の母親へと移った背景には、どのような理由が考えられますか。さまざまな状況を想定してみましょう。また、あなたが担任保育士なら、下線部4)のようなＵさんの申し出に対して、どのように対応しますか。

【引用文献】
1）小林育子『演習　保育相談支援〈第２版〉』萌文書林　2013年　p.125
2）上田敏『リハビリテーションを考える―障害者の全人間的復権―』青木書店
　　1983年　pp.171-178
3）全国保育士会　制度・保育内容研究部会「『全国保育士会倫理綱領』学習シート～倫理綱領をより理解するために～」
　　http://www.z-hoikushikai.com/kouryou/sheet/sheet.htm（2015年11月１日）
4）須永進・青木知史・齋藤幸子・山屋春恵「保護者の保育ニーズとその対応に関する研究Ⅲ」『愛知淑徳大学論集』第２号　2012年　pp.51-68

【参考文献】
安家周一・坂崎隆浩・白井三根子ほか『困ったときに役に立つ保護者との対応事例100』世界文化社　1999年
福丸由佳・安藤智子・無藤隆編『保育相談支援』北大路書房　2011年
今井章子監修、上野恭裕編『事例から学ぶ　子どもを育む母親援助の実際』保育出版

社2007年
西尾祐吾監修、立花直樹・安田誠人編『保育現場で役立つ相談援助相談支援』晃洋書房2013年
須永進編『事例で学ぶ　保育のための相談援助・支援―その方法と実際―』同文書院2013年
岡山県教育庁指導課「学校に対する苦情・不当な要求等への対応」2009年

プロセス事例編
児童福祉施設における子育て支援

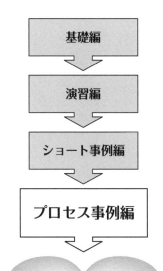

子育て支援の一連の展開過程を学ぶ
(第12章～第13章)

第12章　保育所における子育て支援

トシ先生　児童福祉施設の中で、保育士が最も多く勤務しているのは保育所ですが、保育所の中で対人支援を担う専門職は保育士しかいないことに、みらいさんは気づいていましたか？

みらいさん　確かにそうですね。児童養護施設や乳児院には、児童指導員や看護師などがいますが、保育所は基本的に保育士だけですね。

トシ先生　たとえば、児童養護施設のように、児童指導員など他の専門職がいる場合は、専門性によって役割分担しながら利用者に対応することができます。しかし保育所内での対応は保育士が行わなければなりません。

みらいさん　責任が大きいですね。ここまでにも、いろいろな支援の方法を学んできましたが、まだまだ十分理解したとはいえないような気がします。保育所において保育士は、具体的にどのような保護者の問題や課題に対応しなければならないのでしょうか。

トシ先生　保育所では、さまざまな不安を抱えて子育てする保護者、環境が変わったり、突然問題が起きてどう対処していいのかわからない保護者などの事例が報告されています。それは、保護者からの相談という形で表面化することもあれば、保護者や子どもの表情やちょっとした変化を保育士が察知して、課題が明らかになることもあります。

みらいさん　保育士には、子どもや保護者の変化を見逃さない観察力が求められるということですね。

トシ先生　その通りです。ここでは、保育所における子育て支援のプロセス（過程）を意識しながら、ケーススタディを行っていきましょう。事例には、利用者（保護者）や支援者（保育士）の紹介から事例の経過が追って書かれていますので、インテークやアセスメントなどの展開過程を意識しながら利用者のニーズを考えたり、どのようなときに他機関との連携が必要になるのかなどを考えて取り組んでみましょう。

みらいさん　はい！　自分が保育者になった気持ちで取り組んでみたいと思います。

事例：育児不安になった保護者への支援

> ▼ねらい▼
> 保護者は多少なりともなんらかの育児不安を抱えている。特に、はじめての子育てには不安がつきものである。こうした保護者にとって、身近な保育者の存在は大きく、頼りにされるものである。
> しかし、保育者は、保護者との信頼関係が築けていないと相談を受けることは難しい。信頼できる保育者の姿をとらえよう。

① 事例の概要

利用者等の紹介

・Aさん（26歳：女性）
　Aさんは九州出身で、6歳年下の弟がいる。弟は実家から大学に通っている。Aさんは短大卒業後に関東の病院で医療事務をしていたとき、薬品会社のBさんと知り合い結婚した。Aさんは妊娠後に退職し、出産後は時々C雄を認可外保育所に預けて医療事務のアルバイトをしていた。

・Bさん（31歳：男性）
　Bさんは北海道出身で、自分の血縁とは疎遠になっている。Bさんはギャンブル仲間とつき合うようになり、借金をつくってしまった。最近会社を退職し、退職金とAさんの実家から受けた援助を合わせても、まだ200万円ほどの借金が残っている。思い切ってAさんの実家近くに引っ越し、夫婦で働いて借金の返済をすることになった。

・C雄（1歳6か月：男児）
　関東地方の産科で、通常分娩により2,600gで生まれた。3月生まれで出産時から小柄であったが成長は順調であり、以前住んでいた地域の保健センターでの6か月健診では、特に発達に関する指摘を受けていなかった。

・Aさんの実家
　Aさんの父親は会社勤め、母親も近所のスーパーでパートとして働いている。弟はアルバイトをしながら近くの大学に通っている。
　Aさんの両親は、Z保育所に預けられた初孫のC雄をときどき迎えに行くなど、Aさん夫婦の育児に協力的である。

第12章　保育所における子育て支援

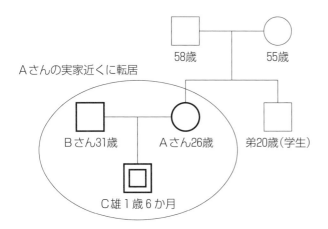

相談支援者の紹介

・D保育士（27歳：女性）

　短大卒業後、Z保育所に勤務して7年。保育士、幼稚園教諭の資格をもつ。

　1歳児クラスの担任。日頃からよく保護者に声をかけ、元気づけることが上手である。また「ほう（報告）・れん（連絡）・そう（相談）」を心がけ、上司からも信頼されている。最近は市の保健センターの保健師とも積極的に連携をとっており、周りの保育士からの信頼も厚い。

② 事例の展開

これまでの経過

　関東地方での生活はBさんにとって誘惑が多く、家族で九州のAさんの実家の近くに引っ越して出直すことになった。

　Bさんは福岡で求職をはじめ、Aさんは引っ越してすぐに、近くの病院で契約社員として医療事務の仕事が見つかったため、「Z保育所」にC雄を預けて、フルタイムで仕事をすることになった。

Z保育所に入所してから1歳6か月健診での出来事

　Bさんは就職活動中で5か月も定職が見つからない状態が続いており、自信をなくしかけているが、Z保育所へのC雄の送迎はがんばっている。

　入園して2か月が経ったある日、自宅に市の保健センターからC雄の1歳6か月健診（以下、「健診」という）の案内と育児アンケートが届いた。A

さんは月末の忙しい時期と重なったため、BさんがC雄を保健センターにつれて行き、健診を受けることになった。

健診当日、アンケートを書き忘れていたBさんは急いで記入し、受付に提出して問診を受けた。

そのときの医師の診察では問題なかったが、アンケートや問診から、言葉の発達が気になるとの指摘を保健師から受け、第1と第3水曜日の午後から心理士が来るので、よかったら一度、言葉や発達面を相談してみてはどうかと勧められた。

Bさんは帰って保健センターでの出来事をAさんに話し、2人ともまったく意識していなかったことだったので驚いた。それからすぐにAさんの両親にも相談した。

Aさんの両親からは、ときどきC雄と会って話をする機会があり、やはり言葉の数が気になっていたとのこと。気づかなった2人は育児に自信をなくしていった。しかし、健診から数週間が過ぎても保健センターに行く気になれないため、保育所の送迎時によく声をかけてくれる担任のD保育士に相談してみることにした。

Z保育所での面談依頼

ある日の夕方、D保育士が迎えに来たAさんにC雄を引き渡したとき、心配そうな顔をしたAさんから、C雄の健診のことで相談したいとの依頼を受けた。

立ち話だったため、帰宅時間を見計らってD保育士から電話をすることにした。そこで、おおよその内容を確認し、健診をした保健センターに問い合わせてもよいか尋ねると、Bさんに相談してから答えたいとのことで、AさんはBさんが帰宅してすぐに相談し、その日のうちに電話があった。

夫婦からは、他人にはもらさないことを条件に、問い合わせてもよいとの回答をもらった。

面談は、両親で来られる日を設定することにし、土曜日の15時から1時間程度で実施することになった。

さっそくD保育士は、主任と園長に報告し、上司の了承を得て保健センターの保健師にも連絡を取ることにした。

保健センターとの連携

保健センターの保健師とは市の保健・福祉連絡協議会で知り合いになり、顔見知りだったため、健診でのC雄の様子を詳しく尋ねることができた。ま

第12章　保育所における子育て支援

た同時に、保育所での様子も伝えて発達について情報交換をした。

D保育士からは、事情があって東京から家族が引っ越して間がなく、入園して2か月しか経っていないことを伝えた。また、確かに言葉の数は「ママ」「わんわん」程度で少ないが、保育士からの言葉かけにはほぼ正確に反応し、絵本や他人への興味関心もあり、おもちゃなどの片づけをするときも「このブロックは、ここに片づけてね」という声かけを理解できていると話した。

保健師からは、少し小柄で動作もゆっくりしており、アンケートでは言葉数が少なく、その場でも指示理解ができていなかったので、少し心配になり心理士との面談を勧めたとのことだった。

そのうえで、保育所側でD保育士さんたちが見て、あまり心配はなさそうだと思われ、両親も再度保健センターに来ることをためらっているのなら、続けてZ保育所で様子を見てもらいながら、3歳児健診まで待ってみようという答えをもらった。また、両親が不安になったときは、いつでも保健センターで心理士の面談できるようにしておくとのことであった。

主任と園長に相談し、今回は無理に勧めなくても大丈夫だとの結論に達し、面談時にこのことを伝えることとなった。

📝 面談でのやりとり

土曜日の15時に、家族3人で歩いて来ることになった。

C雄を他の保育士に預けて、3人で面談することにした。D保育士ははじめに両親に対して日頃の仕事と育児を労い、面談に来てくれたことに感謝の言葉を述べた。そして、面談で最初にD保育士は、「保健センターでの健診

はどうでしたか？」と話しはじめて、AさんやBさんの健診でのやりとりと夫婦の考えを確認した。

> Bさん：保健師さんがC雄のやり取りで、発している言葉を教えてほしいとのことで、「ママ」「うんま」くらいと言い、指差しはしているが、まだほとんどしゃべらないと答えました。そのときC雄は何もしゃべりませんでした。それから保健師さんが3枚の絵を見せながら「わんわん」はどれと尋ねても指差しができなかったのです。
> D保育士：そうだったのですね。
> Bさん：それから、積み木を4つ出されて、保健師が積み上げて、真似をするように言われたのですが、2個ずつ積み上げて四角を作って遊びました。最後に、おもちゃの「りんごを取って来て」の指示には従わず、動かなかったのです。
> Aさん：思えば、自分たちがC雄にほとんど指示を出したことがなかったし、犬に触れさせたこともなく、まるごとのリンゴなど見せたことがありませんでした。もちろん一緒に積み木で遊んだこともないし、言葉の数については、こんなものだと思っていました。でも、そのときの医師の診察では、少し小柄だが、成長に問題はないだろうと言われたのですが…。最近、引っ越しや仕事の関係で、私たちがあまり構ってあげていないからかもしれません。
> Bさん：D先生、やっぱりもう一度保健センターに行ったほうがいいでしょうか？　私たちがもう少し早く気がつくべきだったのに、このまま育児ができるか心配になってきました。
> Aさん：言葉の発達についても教えていただけませんか？

　Aさんは言葉の発達について不安そうに尋ねると、D保育士はまず、他の子どもとの比較でなく、通常の1歳6か月児の発達について、言葉や人とのやり取りを解説した。そのあとで保健センターとのやり取りを話しはじめた。

> D保育士：先日お二人からご了承をいただき、保健センターの保健師さんに詳しくそのときの様子を伺いました。そして、こちらの園でのC雄くんの様子もお話しすると、保健師さんからは今のところ心配はなさそうだとのお話でした。
> Aさん：そうですか。よかった。

> D保育士：健診時にお父様が回答されたアンケートで、確認できなかった様子もよくわかったとのことでした。アンケートには記入されていない箇所が多かったとのことでした。
> Bさん：実は、記入するのを忘れていて、その場で急いで記入してしまい、妻に確認や相談もできなかったのです。
> D保育士：そうだったのですね、それで記入もれが多かったわけですか。結論を申し上げますと、3歳児健診まで様子を見ましょうかとのことです。もちろん、ご両親が不安であれば電話予約をしていただき、心理士が面談しますとのことでしたが、いかがされますか？
> Bさん：（Aさんと顔を見合わせて）3歳くらいまで様子を見させてください。

その後、夫婦は育児について、改めて勉強しようとの姿勢が見られ、今後もどうしたらうまく育児ができるかをD保育士に尋ねた。

D保育士は「今まで通りで十分だと思います。よくがんばっておられます」と伝えると安心した表情で帰って行った。

次の週明けにAさんがC雄を送りに来たとき、面談のお礼、そしてまた相談にのってほしいと言いながら、笑顔で仕事に向かった。Bさんは求職活動もがんばっているそうだ。

③ 事例の考察

この面談で、D保育士は、AさんとBさんがC雄を大切にしていることがわかった。しかし、言葉などC雄の発達についてはほとんど疑問に感じていなかったこともわかった。引っ越しや仕事探しなどで忙しく、自宅でのC雄とのやりとりを疎かにしてしまったと負い目も感じていたようだ。

ところで、なぜ夫婦はすぐに保健センターには行かず、D保育士に相談することにしたのだろうか。

AさんとBさんの場合、C雄ははじめての子どもで、夫婦ともにまったくC雄の発達を疑うことはなかった。しかし、1歳6か月健診で言葉の数や理解について指摘を受け、C雄は本当に問題があるのかを疑った。

そこで、他の子どもと多く接しているD保育士は、C雄の発達をどう見ているかを確認したかったのだろう。D保育士は、送迎時には保護者によく声をかけており、どの保護者からも熱心に相談に応じてくれると評判だった。

だからこそ、AさんとBさんは思い切って相談することにしたようだ。

D保育士が保健センターとの連携について了承を求めたときは、少し躊躇したようだが、D保育士も日頃からの連携や守秘義務についてしっかり話したため、信頼して連携を承諾した。連携することで、情報交換ができ、子どもの様子をお互いに確認することができた。その結果、3歳児健診まで発達を見守っていこうという意思疎通ができたのである。

今回の事例は、入所して間がないことや引っ越しの諸事情などを考慮すると、子どもや両親にとっての環境の急激な変化が健診時の子どもの心にも微妙に影響を与えたのかもしれない。

依然として、Bさんの就職先は決まっていないが、この家族は近くに住むAさんの両親にも見守られて、落ち着いた生活を確保することができるであろう。

Z保育所に通い、信頼のおけるD保育士と出会ったことは、この家族の子育てにおいて心強いものとなった。

演習課題

① 面談を実施するまでに準備しておくことを整理してみましょう。
② Aさん・Bさん夫婦には、どのような育児不安が起きましたか。
③ 育児不安を抱える夫婦を励ますには、どうすればよいですか。
④ この事例から関係機関との連携の取り方について考えてみましょう。

2 事例：仕事と育児の両立で悩む保護者への支援

▼ねらい▼

仕事と育児の両立で悩む保護者は多い。特に出産後の育児休暇を取得した後、子どもを保育所に預けて仕事へ復帰した場合は、男女を問わず多くの不安を抱えやすい。

たとえば、①育児休暇を終えてうまく仕事に復帰し適応できるか、②育児時間の確保ができるか、③育児における協力・相談体制は大丈夫かなどが考えられる。

では、保育士として、こうした保護者の育児不安をどうすれば解消できるのであろうか。精神状態によっては、特別な支援が必要な場合もあるが、多くの場合、傾聴と少しの励ましで元気づけることができることを学んでおこう。

① 事例の概要

利用者等の紹介

・Eさん（29歳：女性）

　大学卒業後、総合職として企業に就職、同僚のFさんと職場で出会い結婚した。その後G香を出産し、出産後に育児休暇を取った。職場に復帰後の1年後にH彦の妊娠がわかり、再び産前産後の育児休暇を取得し、G香とH彦を育てた。H彦が6か月を迎えたため、Eさんは近くの「Y保育所」に2人を預けて仕事に復帰した。

・Fさん（30歳：男性）

　Fさんは結婚後に、別の系列会社に異動した。G香が生まれたときは、もともと子どもが好きだったこともあり、積極的に育児にかかわり、Eさんが職場に復帰した後も、できる限り保育所への送迎もしていた。しかし最近は責任あるポストに就き、時間外や休日出勤も多くなった。

　EさんとFさんの両親は健在だが、遠くの他県に住んでおり、夫婦の親戚も近くに住む人はいない。

・G香（3歳：女児）

　おっとりとした性格。通常の発達をしているが、言葉の獲得が早く、おしゃべり好き。赤ちゃん返りをすることもあるが、弟の世話は好きで、友だちとのトラブルはほとんどない。

・H彦（6カ月：男児）

　G香と2人で保育所に通っている。今はハイハイをしてよく動き、何にでも興味を示して口に運ぶ。アトピー性皮膚炎は少しあるが元気に過ごしている。

相談支援者の紹介

・主任I保育士（32歳：女性）

　大学卒業後、Y保育所に10年間勤務している。保育士、幼稚園教諭の資格を所持し、地域の子育て支援事業にも積極的に参加している。

　保護者の相談には傾聴を心がけ、いろいろな相談に応じ、地域の住民からも信頼が厚い。

② 事例の展開

これまでの経過

　Eさんは総合職としてキャリアを積んできたが、結婚と出産で仕事を離れ、育児によって3年間あまりのブランクとなった。そのことで、職場で今まで任せられていた業務が変わり、仕事でもあせりを感じ、育児にも自信をなくしていた。夫のFさんはEさんに育児休暇を取得してもらい、系列会社で責任あるポストに昇任していた。そのため、仕事そのものが忙しくなり、育児への協力がますます少なくなっていった。

　この「Y保育所」に2人の子どもが預けられて3か月が過ぎ、Eさんの表情は徐々にかたくなっていった。ときどき迎えの時間を遅れることもあり、心配になった主任のⅠ保育士が、迎えに来たEさんに話しかけてみた。どうやら、仕事と育児の両立に悩んでいるようだった。

Eさんとの立ち話

　火曜日の夕方、お迎えの時間にまずは話しかけてみることにした。

> Ⅰ保育士：G香さんのお母さん、お疲れさまです。最近お仕事大変そうですね。
> E さ ん：はい。職場でもいろいろあって……。
> Ⅰ保育士：そうですか。ご家庭での炊事も大変でしょう。でもよくがんばっておられますね。G香ちゃんもH彦くんもいつも元気ですもの。
> E さ ん：それはよかったです。いつも朝は急がせて、夜も遅くなるので、かわいそうになっています。仕事と育児の両立は難しいですね。
> Ⅰ保育士：ここでお二人をお預かりして、3か月になりますね。そろそろ面談をさせていただこうと思っていたのですが、いかがですか。
> E さ ん：土曜日なら少し早く帰宅できるので、それでよければ……。
> Ⅰ保育士：土曜日でも大丈夫です。夕方5時からでいかがでしょう？　よろしければ、ご夫妻でお越しいただけると嬉しいのですが。
> E さ ん：そうですね。一応夫にも話してみます。

　それから2日後の夕方、Ⅰ保育士を見かけたEさんから話しかけてきた。

第12章 保育所における子育て支援

> Eさん：I先生、今度の土曜日の面談の件ですが、夫には少しぐらい時間をつくってほしいと頼んだのですが、忙しくてどうしても来られないというのです。すみませんが、一人でよろしいですか？
> I保育士：お一人でも大丈夫ですよ。気になさらずお越しください。お子さんもお預かりしますのでご安心ください。お待ちしています。

I保育士は、Eさんから夫が来られないことへの不満な表情が見られ、かなりストレスが溜まっているような感じを受けた。

土曜日の面談

土曜日の夕方5時を少し過ぎて、仕事帰りのEさんが疲れた表情をし、保育所の門扉をゆっくり空けて、I保育士のところに歩み寄って来た。

> I保育士：今日はお忙しい中、わざわざお時間をいただきありがとうございます。G香ちゃんとH彦くんは別の保育士がお預かりいたします。
> Eさん：わざわざ、お時間をとっていただきありがとうございます。今日はよろしくお願いします。
> I保育士：こちらこそよろしくお願いします。ではまず、お子さんお二人の園での様子をお話しします。それから、今後の保育について各担当保育士からご説明したいと思います。

それぞれの担当保育士が、入れ替わりながら、2人の子どもが楽しく元気に過ごしていることを伝え、他の子とのトラブルも少なく、順調であることを話した。Eさんには自宅や休日での過ごし方について尋ねた。Eさんは2人の育児について自信がなさそうに、ときどきため息交じりに話しはじめた。
I保育士は穏やかな表情で、Eさんの話を傾聴した。

> Eさん：G香が生まれたときは、夫も早く帰ってきてお風呂に入れてくれたり、休日も公園で散歩したり、私も洋服を手づくりしたり、ゆっくりとG香に接してあげていたんです。でも、H彦が生まれてから急に夫は忙しくなり、夜は遅いし休日も出勤だし、たまの休みも疲れて横になっているだけ。私も仕事に復帰して、G香やH彦に洋服をつくってあげられないし、

部屋の掃除やおいしい手づくり料理もなかなかできないし。何もかもができなくなってきたのです。なんとかしなくてはとあせるばかりで、育児も炊事もぜんぜん思うようにできないのです。△△ちゃんのご家族がうらやましいです。お母さんはすごいし、お父さんも協力的だし…。

Ｉ保育士：そうですか。お一人で苦しんでいたのですね。

Ｅさん：こんなこと、はじめて人に話してしまいました。

Ｅさんはせきを切ったように話しだし、涙目にはなりながらも落ち着いてＩ保育士の言葉を待っていた。Ｉ保育士はＥさんが苦しんでいることを理解し、Ｅさんが安心して話せるよう、また父親のＦさんを批判することはせず、家族でがんばっている姿を以下のように認めて、ほめる言葉をかけてみた。

Ｉ保育士：ここでのお話は、私たち保育士に秘密を守る義務がありますのでご安心ください。お伺いしてみると、ご夫婦それぞれお仕事をされながら、育児に仕事にがんばっていらっしゃると思います。お父様も忙しくなって、お子さんと接する時間が少なくなり、寂しいかもしれませんね。ご家族で一生懸命努力されているのがよくわかります。お二人のお子さんもしっかり育っていると思います。お子さんはまだ幼いですが、ご両親のがんばりをわかっているのではないでしょうか。ご両親で協力してこられたからこそ、元気で楽しく保育所でもご自宅でも過ごされているのだと思い

第12章　保育所における子育て支援

> ます。
> Eさん：そうですね。夫も子どもと遊べず、寂しいのかもしれませんね。本当は、夫も子どもが好きなのです。G香もH彦もここ3か月で、また成長したなと感じていました。子どもと保育所、職場のみんなにも感謝しなくてはいけませんね。I先生、私、話を聞いてもらってなんだか元気が出てきました。少しがんばりすぎてあせっていたのかもしれません。もっと仕事も育児も気楽にするべきですよね。子どもたちもがんばっているし。もちろん夫も。

　Eさんは、さらに続けて「ありがとうございました。また、相談にのってください。夫にもできる範囲で協力してほしいと話してみます。今度は2人で伺います」と言って、I保育士の思いやりと励ましの言葉で少し元気を取り戻したようである。
　あれから、夕方の帰り際にはI保育士と雑談して帰るようになり、ときどきFさんが迎えに来る日もあった。夫や仕事のことなど、育児も仕事も少し気楽にすることを心がけるようになったようである。

③　事例の考察

　I保育士はなぜ、夕方の迎えの時間に母親に話しかけたのだろうか。
　ベテランのI保育士は、これまでも仕事に復帰した母親に何度も接しており、母親が育児と仕事の両立で悩む時期がこの時期であることを知っていた。その兆候が、最近のEさんの言動に表れていたのである。1つは迎えの時間に遅れることがときどきあったこと。もう1つは疲れた表情がよく見られ、笑顔が少なくなったこと。だからこそ3か月が経って、面談をしたいとの申し入れをしたのである。
　また、朝や夕方の送迎時に、最初の頃とくらべ父親の送迎がほとんどなくなり、大変だろうとも感じていた。そこで、家族の様子を話してもらい傾聴することで、母親を元気づけたいとも考えたのである。
　そして、二人の子どもの保育所での様子を、各担任から話してもらうことで、育児のヒントやがんばっている子ども、がんばっている保護者自身に気づいてもらいたいと考えたのである。

演習課題

① 保育所に預けて仕事に復帰する場合に、保護者にはどのような不安がありますか。また、不安の具体的な軽減策を考えてみましょう。
② 育児と仕事の両立で特に不安になるときは、どんな場合が考えられますか。
③ 育児と仕事の両立をするうえで、保護者への支援方法とは何かについて考えてみましょう。

事例：育児不安がある父子家庭への支援

▼ ねらい ▼

最近は、ひとり親家庭が増えており、父子家庭も多くなっている。こうした父子家庭には、独自の育児不安があるのだろうか。あるとすればどのように対処することでそれを解消できるのかを考えてみたい。
また、地域によっては、ひとり親家庭が利用できる社会資源が限られてしまうことがあるため、身近な地域の社会資源の把握も大切である。

① 事例の概要

利用者等の紹介

・Jさん（38歳：男性）
　両親は他県で健在。Jさんは2人兄弟の次男。大学卒業後にIT企業に就職し、取引先で知り合った7歳年下のKさんと結婚した。Jさんは育児をほとんどKさんに任せ、休暇も取らずに自分が立ち上げた仕事に邁進していた。

・Kさん（31歳：女性）
　Kさんの両親は早くに亡くなり、年の離れた兄がいる。高校卒業後に5年間建築会社の事務職として働いていた。結婚後の2年目に妊娠がわかり、出産後に育児休暇を取得し育児に専念した。第一子のL江が1歳になり、「X保育所」に預けてKさんは仕事に復帰したが、その1年後には第二子の妊娠がわかり、職場の理解を得ながらM樹を出産した。Kさんは職場へ

の早い復帰を望んでおり、Jさんに育児休暇の取得を依頼したが、Jさんがベンチャー企業を立ち上げるとのことで、結局会社を辞めて育児に専念することになった。友人には、育児での大変さをよくもらしていた。

・L江（3歳5月：女児）

　弟と仲よく遊び、やさしい子だが、同世代の子どもを怖がることがある。場面に慣れるまで少し時間がかかる。

　排泄は自立しており、食べ物の好き嫌いはないが、卵黄にアレルギーがあるので、食事には注意が必要である。

・M樹（1歳8月：男児）

　姉のL江が大好きで、後をついて回ることが多い。なんにでも興味を示し、活動的であるが、ときどき夜泣きをすることがある。食べ物の好き嫌いはないが風邪をひきやすく、アトピー性皮膚炎を発症しやすい。

相談支援者の紹介

・N保育士（25歳：女性）

　短大卒業後、X保育所に勤めて5年になる。保育士・幼稚園教諭の資格を所持している。

　子育て支援センターが開所されて2年が経過し、主任と交代で子育て支援に当たりながら、3歳児の担任もしている。最近は児童相談所とも連携しており、保育士や保護者からの信頼が厚く、ひとり親家庭からの相談を受けることが多くなった。

・O保育士（22歳：女性）

　大学卒業後1年目の新人保育士。1歳児を担当しており、保護者の話を傾聴するのは上手である。

② 事例の展開

これまでの経過

　ある日、いつものようにJさんが23時ごろ帰宅してみると、Kさんがいなくなっていた。Kさんの兄や友人に尋ねたが、どこに行ったかわからない。Jさんは仕方なく、他県に住む実母に数週間ほど来てもらい、Kさんからの連絡を待った。

　1週間後に離婚したいとのメールがJさんの携帯に入ったが、そのまま連絡が取れなくなった。

その後、以前から申し込んでいた「X保育所」に二人を預けながら、Ｊさんは立ち上げた仕事を再開し、Ｋさんからの連絡を待つことになった。

　二人の子どもが入所して、はじめの数週間はＪさんの母親がときどき送迎をしてくれたが、1か月後には母親も実家に帰り、Ｊさんが送迎することになった。

　そのころになって、他の保護者から保育所に、Ｊさんが一人で家庭を切り盛りしているとの情報が寄せられていた。

　3か月が過ぎようとしていたころ、Ｌ江やＭ樹の洋服の汚れや臭いが気になり、Ｌ江はときどき体に湿疹が見られた。1歳児を担当しているＯ保育士から職員会議で、Ｍ樹のおむつかぶれがひどくなってきたとの報告も受けた。

　Ｌ江を担当していたＮ保育士は、1歳児担当のＯ保育士や主任に相談し、できるだけ早い時期にＪさんと会談してみることになった。

Ｊさんが迎えに来たときに面談を提案してみる

　土曜日の夕方に、Ｎ保育士は、あらかじめ子どもたちとＪさんにおにぎりを準備し、面談の間、子どもたちを預かる保育士を配置して待っていた。

> Ｎ保育士：Ｌ江ちゃんのお父様、お疲れ様です。Ｌ江ちゃんとＭ樹くんのことで少しお話ししたいのですが、今から相談室で30分くらいお時間よろしいですか？
> Ｊさん：私はいいのですが、子どもたちがお腹を空かしているのではないかと…。
> Ｎ保育士：そう思いまして、こちらでおにぎりを準備しておりますので、別の保育士が面談の間に食べさせることができますが、いかがでしょう？
> Ｊさん：わかりました。それならよろしくお願いします。

Ｊさんの困りごと

　Ｎ保育士が相談室に案内し、すぐにＭ樹の担当であるＯ保育士がＪさんのお茶とおにぎりを用意して、3人で話を進めることにした。

> Ｎ保育士：お時間をいただきありがとうございます。私たち保育士には秘密を守る義務がありますので、ご安心してお話しください。お疲れでしょうから、できるだけ30分以内に終わらせたいと思います。早速ですが、お

第12章 保育所における子育て支援

　父様、お仕事忙しそうですね。送迎も大変でしょう。ご自宅での炊事やお子さんのお世話はどうなさっているのですか？
Jさん：はい。実は妻が失踪して3か月になります。はじめは私の母に子どもたちの面倒を見てもらっていたのですが、母はまだ現役で働いていて、これ以上は休暇が取れないと言って実家に帰ってしまいました。はぁ…。
N保育士：そのような事情があったのですね。
Jさん：母から炊事や子どもの世話の仕方を教えてもらって、かなり努力はしているのですが…。仕事も忙しくて。妻は、まだ帰ってこないし。どうしたものか悩んでいます。
O保育士：そうだったのですね。おつらいですね。実は最近L江ちゃんの手足やM樹くんのおしりにも湿疹が見つかって、ご自宅での炊事や育児が本当に大変なのではないかとN保育士とも話しておりました。
Jさん：やはり、そう思われていたのですね。入浴も時々ですし、食事もコンビニの弁当ですませることが多くなりました。L江のアレルギーもわかってはいるのですが、ときどき卵が入っているのを見落すこともあります。
O保育士：M樹くんのことでお困りのことはありますか？
Jさん：M樹の紙オムツも、夜に替えることができないときもあります。何かよい方法はないでしょうか？　子どもたちと一緒に暮らしていきたいとは思っているのですが。仕事も軌道に乗せないといけないし。もう、どうしてよいのかわからなくて。

> N保育士：Kさんがいなくなられ、大変困っておられることがわかりました。上司とも相談させてください。よい方法はないか考えてみます。そこで一つお願いがあります。今の状況をお名前は出さずに、関係機関にも相談したいと思いますが、ご了承いただけますか？
> Ｊさん：関係機関とは具体的にどこですか？
> N保育士：児童相談所を考えております。
> Ｊさん：わかりました。なんとかしたいと思っていますので、お話しいただいて結構です。
> N保育士：できるだけ早いほうがよいと思いますので、数日後にこちらからご連絡して、またお話しする時間を取りたいのですが、いかがでしょうか？
> Ｊさん：よろしくお願いします。

 こうして、Ｊさんから了承をもらい、N保育士は園長に事情を説明し、了解のもとで児童相談所に相談することになった。

③ 事例の考察

 この事例は、ひとり親家庭として父子家庭を取り上げている。なにかの事情（今回の失踪は、父親の育児に対する非協力や母親の相談相手がいなかったことも考えられる）で、急に一人で子どもを養育することになると、男女にかかわらず大変な苦労が待ち受けている。特に母親任せで炊事や育児の経験が少ない男性の場合は、途方に暮れてしまうことになる。

 基本的には、祖父母や親戚など身内に頼る場合が多くみられるが、最近の社会情勢では昔とくらべてなかなか簡単には頼れない。その場合は、多様な社会資源を活用しながら生活していくことになる。しかし、この事例の状態は、ネグレクトの状態に近い。

 養育については、最近多くの社会資源が存在するが、その中からひとり親自身が選択し、決定できるほど理解しているとは思えない。福祉の専門職である保育士として、その内容を熟知してアドバイスできることは、子育て支援を行ううえで大変重要である。

 また、このような状況に陥った家庭において、虐待を発見する機会も多いため、そうした場合の園内での対応手順や通報マニュアル（児童相談所や警察機関との連携）を整備しておくことも大切である。

演習課題

① N保育士は、なぜ児童相談所と連携しようと考えたのですか。
② 地域（市町村）で、ひとり親家庭に提供できる公私の社会資源にはどのようなものがありますか。
③ 上記②であがった社会資源を活用しながら、最適と思われる支援の方向性を検討してみましょう。

【参考文献】

ソーシャルワーク演習教材開発研究会編『ソーシャルワーク演習ワークブック［第2版］』みらい　2013年

社会福祉士養成講座編集委員会編『新版社会福祉士養成講座15　社会福祉援助技術演習［第2版］』中央法規出版　2005年

社会福祉士養成講座編集委員会編『新版社会福祉士養成講座8　社会福祉援助技術論Ⅰ［第3版］』中央法規出版　2006年

第13章 児童発達支援センター（障害児の通所施設）における子育て支援

トシ先生 保育者が障害児の保育にかかわる場合、どのような場所が考えられますか？

みらいさん 保育所で障害児にかかわる場合と、児童発達支援センターのような障害児の通所施設でかかわる場合などでしょうか。

トシ先生 そうですね。大きくは保育所と施設という2つが考えられますね。では、それらは、支援の内容にどのような違いがあるのでしょうか？

みらいさん 難しいですね。保育所は子どもの保育を基本に行っていますが、障害児を専門的に受け入れる体制にはなっていません。通常の保育の中で障害児保育が行われますから、子どもにしても保護者にしても、きめ細やかな配慮が難しいということでしょうか。障害児の通所施設の場合は、専門的なスタッフがそろっていて、子育て支援体制などの専門的サービス体制が整っているので、きめ細やかなサービスが受けられるということですね。

トシ先生 なかなかいい答えですね。ただ、どちらがよい、悪いということではなくて、それぞれにメリットやデメリットがあり、それぞれが補完し合う関係でもあります。たとえば、保育所は施設数も多いですし、働く保護者にとっては、毎日、朝から夕方まで利用できるというメリットがあります。障害児の通所施設（児童発達支援センター）の場合は、決められた回数や時間に通所するなど、基本的には療育の場であって保育所とは利用方法が少し異なります。

みらいさん なるほど。それぞれ目的や役割が違うことをふまえれば、保育者に求められる専門性も違うのでしょうか。

トシ先生 同じ保育者であっても、勤務する施設の種類や機能に応じた知識は求められるでしょう。ただし、これまで学んだような保育者に求められる専門性は基本的に変わりません。そのような点にも留意しながら、児童発達支援センターに勤める保育士の事例を通して、障害児施設における子育て支援のプロセスや方法を学んでいきましょう。

事例：知的障害のある子どもの母親への支援

> ▼ **ねらい** ▼
> 　児童発達支援センターにおける子育て支援では、大きく3つの役割が求められる。1つ目に、保護者が障害のある子どもを受け入れていく過程を見守り、寄り添うこと。2つ目に、子どもの障害特性を理解しながら、どのような療育・支援がその子どもにとってふさわしいのかを長期的な視点から、保護者と協働的に考えて取り組んでいくこと。3つ目に、必要に応じて福祉や医療機関など他機関への支援体制を整えることである。
> 　ここでは、障害のある子どもとその家族（保護者）を受容し、その中でそれぞれの「有する"ちから"」を見出しながら協働して行われる子育て支援の展開について事例を通して考えていく。

① 事例の概要

利用者等の紹介

・Qさん（32歳：女性）
　大学を卒業後、実家の近くの会社で事務職として働いていたが、結婚を契機にこれまで自身が育った地元を離れ、実家からは遠方となるG県M市に引っ越してきた。その後は近くのスーパーでパートとして働いている。引っ越ししてきた当初は、住み慣れない街に戸惑っていたが、暮らしはじめて8年が経ち、今ではこの地域での生活に慣れてきた。

・R太（5歳：男児）
　R太は、中度の知的障害があり児童発達支援センターのK園に通いはじめて3か月になる。家族構成は、父親（34歳）、母親のQさん（32歳）、兄（7歳）、R太の4人家族である。近所にある保育所に通っていたが、3歳6か月のときに保育士から専門機関での受診を勧められ、自閉症という診断を受けた。R太は、身体が大きく肥満気味で体重はすでに30kgを超えている。言葉によるコミュニケーションが苦手であり、相手の言葉の理解もやや困難である。

第13章　児童発達支援センター（障害児の通所施設）における子育て支援

相談支援者の紹介

・S保育士（30歳：男性）

　保育士養成の短期大学を卒業後、保育所にて3年間勤める。ダウン症の子どもを担任したことをきっかけに、障害児療育について関心をもち、現在の児童発達支援センターに勤めて6年となる。

　保護者は児童発達支援センターに至るまでに、さまざまなことに悩んでいることを知り、その思いを受容・共感して寄り添うことを大切にして日々かかわりを深めている。また、子どもの将来に見通しをもつことができるような支援に向けて、その子どものストレングス（強さ）を見出し、どのような配慮をすればその子どもの個別性を重視した成長発達を促すことができるかを考えながら支援をしている。

② 事例の展開

これまでの経過

　R太が通っていた保育所の保育士より、専門機関での受診を勧められ、自閉症という診断を受けたがQさんは、わが子の障害をなかなか受け入れられずにいた。そのためか、これまで療育手帳などの取得にも消極的であり、児童発達支援センター（以下、「支援センター」という）を利用しはじめた当初は通うことにためらいをもっている様子であった。

　父親は仕事が忙しく、支援センターに来たことは一度もない。毎日、R太くんを送り迎えするQさんに保育士が声をかけるが、表情は暗く、他の保護者との交流も少ない状況が続いている。一方、R太くんは支援センターでの生活にも次第に慣れ、それまで一人ではできなかったトイレができるようになってきた。しかし、家ではオムツを使用し、食事についても栄養士からのアドバイスがあったものの「R太がほしかるから」と改善がみられず、体重が増加している状況である。

母親の悩みに共感し胸の内を語っていただく関係をつくる

　毎日送り迎えにくるQさんの表情が気になっていたS保育士は、R太くんのこれからについてQさんが一人で抱え込み、悩んでいるのではないかと考えていた。ある日、Qさんが「R太のことで心配なことがあるのですが…」とS保育士に話しかけてきた。いつもは送迎時の対話と連絡帳のやり取りが

中心であったが、改めて落ち着いてQさんとゆっくり話をする必要があると考え、その日の夕方に時間を設けて話を聞くことにした。そのときに、S保育士はQさんが不安や悩みをできるだけ語りやすいように配慮することを心がけた。

> S保育士：R太くんのお母さん、お待ちしていました。
> Q さ ん：いつもR太がお世話になっています。
> S保育士：R太くんは、今日はおしっこがトイレでできたんですよ。
> Q さ ん：そうなんですか。ここへ通うようになり、R太も少しずつできることが増えてきたと思います。
> S保育士：お母さんもそう感じておられるのですね？
> Q さ ん：……（沈黙）。
> S保育士：R太くんについてご相談とのことですが、どうされました？
> Q さ ん：家では、あまり私の言うことを聞いてくれず、これからの成長のことを考えると不安になってしまって…。
> S保育士：もう少しくわしく教えていただけますか。
> Q さ ん：最近、水に対してのこだわりが強く、いつもベタベタにしてしまうのです。何度言ってもわかってはくれません。もう5歳になりましたが、この様子で普通学級の小学校に入学できるのか、それとも特別支援学校への入学を選択すべきなのか…。
> S保育士：そうだったのですか。お母さん、R太くんの将来のことを深くご心配され、考えていらしたのですね。よくお話ししてくださいましたね。
> Q さ ん：夫も仕事が忙しく、なかなかR太のことについて話すことができなくて、一人で悩んでいたのです。

第13章　児童発達支援センター（障害児の通所施設）における子育て支援

　Qさんはこれまでに R 太に関する不安や悩みについて身近に相談する人がいなかったという。それは、過去にある人に相談をしたときに、自閉症という障害名を聞いた途端に表情が曇り、いかにも厄介な、どうにもならないことだと感じている気配が伝わってきたように感じたのだという。また、同世代の子育て仲間に相談をしてみても、「大変ね」と受けとめてはくれたが、「みんな子育ては大変よ」という心ない言葉を聞き、それ以来相談する勇気が失せてしまったという経験を重ねてきたことを話してくれた。

主訴の背景を聴き、これまでの対処行動から課題を把握して理解する

　相談をきっかけに、S 保育士は Q さんの主訴に耳を傾けて、抱えている心配、苦悩、不安を受けとめつつ、その訴えている内容の背景に隠されているさまざまな要因を考えていくことにした。そのため、最初に語られた「水道の水に対してのこだわりが強く、いつもベタベタにしてしまう」ことに焦点を当てて、これまでの経緯を詳しく聞くことにした。直接問題となっていることが最初はどのようにしてはじまり、それに対して Q さん本人や家族はどう対処し、何がうまくいかなかったのか、これまで誰の力を借りていたのか、その一つひとつを知ることによって、主訴の背景とそこでの課題を理解できると考えたからである。

S 保育士：最近は、いつ水道の水でベタベタにしてしまいましたか？
Q さん：今朝もここに来る前に、少し目を離してしまった隙に洗面所の水で遊んでしまって…。身体も大きくなり、水道の蛇口に手が届くようになってからは毎日です。
S 保育士：今朝 R 太くんが床をベタベタにしてしまったときに、お母さんはどのように対応されましたか？
Q さん：今朝はぞうきんで床をふくときに、R 太にも自分でふきなさいと言って床をふかせました。何度言ってもわからないので、ついつい大きな声を出して怒ってしまいます。ときには、手を出しそうになることも…。
S 保育士：そのようなとき、ご主人はどうされているのですか？
Q さん：夫は仕事が忙しく、朝早く出かけ、夜も 21 時過ぎの帰宅になることが多いのです。
S 保育士：それでは、平日はほぼ Q さんが一人で R 太くんの面倒をみているのですね。
Q さん：そうなのです。食事の準備から、後片づけ、その後のお風呂も私

> S保育士：ご主人と、R太くんの水遊びについて話し合ったことはありますか？
> Qさん：少し話したこともありますが、結局どうしていいのかわからずじまいでした。
> S保育士：ご主人は、R太くんのことについてどのように考えておられるのでしょうね？
> Qさん：以前にR太のこれからについて話をしたのですが、私と意見が合わず、そのことがきっかけで少し言い合いのようになってしまい、それ以降は話をするのを避けているのです。
> S保育士：そのようなことがあったのですね。

　Qさんの話に耳を傾けていると、はじめは「水に対してのこだわりが強く、いつもベタベタにしてしまう」という主訴であったが、その背景にはQさんに育児が集中しており、一人で悩みを抱えているという別の問題があることが予想された。しかし一方で、これまでに夫婦で話し合う機会を設けて、なんとかしようとしてきたこともうかがえた。そして、夫婦以外にR太くんの障害について相談をする人がいないということも理解できたことから、両親が自閉症の障害特性について知る機会を設けることも必要なのではないかとS保育士は考えた。

育児場面を語ることからの「気づき」と動機づけ

　支援が必要な子どもの保護者の多くは、自分の子どもの発育・発達や行動に違和感をもっていたり、障害があるのではないかと感じていながらも、障害特性について正しく理解していないケースが多い。そのために、S保育士は、Qさんが子どもの障害特性や自身のかかわりを話しながら表現できるように話を進めた。

> Qさん：R太は他の子どもと比べて発達が遅れていて、一人では、何もできないのです。
> S保育士：お母さん、R太くんの将来のことを本当に心配なされているのですね。
> Qさん：はい。

> S保育士：最近、支援センターでは一人でトイレができるようになってきたのですが、家でもR太くんができるようになってきたことはありますか？
> Qさん：そうですね。以前は、食事を手で食べてしまうことが多かったのですが、最近はスプーンやフォークを使って食べられるようになってきたような気がします。
> S保育士：支援センターでもスプーンを使って給食をこぼさずに食べていますよ。
> Qさん：そうなんですか。
> S保育士：お母さんは、発達が遅れて一人では何もできないとおっしゃっていましたが、R太くんも少しずつできることが増えてきているのではないですか？
> Qさん：考えてみれば、そうかもしれませんね。以前は、トイレが一人でできるようになるなんて思いもしませんでした。この子のペースで成長しているのですね。

　このように、S保育士にQさん自身の育児の場面・体験を語るということは、Qさんが頭の中でこれまでのR太の育児を整理し、現状の課題や思いを表現するものである。S保育士が投げかける言葉は、Qさんに子どもの成長や可能性について改めて考えてもらうものであった。

課題をつくり変え、次なる一歩を踏み出す

　具体的な支援の展開は、直面している問題や乗りこえるべき課題を保育者が対処しやすいサイズに調整し、本人（子ども）の力量に見合った大きさに分けてステップを踏むように問題解決の方向性を見出すことが重要となる。大切なことは、目標・方法・期間の関係性を考慮しながら、現在の課題を明確化し、目標をわかりやすい言葉で表し、どのくらいの期間で達成していくのかを示していくことである。

> S保育士：支援センターでもトイレに失敗することもありますが、決まった時間に声をかけているのですよ。家でも、オムツを外すことを当面の目標にしてみませんか？
> Qさん：オムツを外すことができるのでしょうか…。
> S保育士：そうですね。それでは、1か月程度、家でも決まった時間にトイ

> レに行って座る習慣を身につけるようにしてはいかがでしょうか？
> Qさん：わかりました。今日からやってみます。

　どんなによい目標を立て、それが保護者に望ましいものであったとしても、その内容が現実的なものでなくては意味がない。また、当面の課題にわかりやすい言葉で表すことによって、取り扱い可能な問題として再認識し、具体的な支援内容とする。S保育士は、まず自宅での「オムツ外し」を提案し、小さな成功体験を積み上げていく中で、R太とQさんの目の前にある課題の対処能力を強化し、スモールステップとしての変化を支えようと考えたのである。

　このように、大きな目標を提案するのではなく、当面実行できる内容を現実的な枠の中で、ときには課題を分けて、保護者との合意の中で確認することができれば、その後の評価も明確になる。「一緒に考えた目標は達成できたのか」「できなければ何を見直さなければいけないのか」というように、その評価に根ざした次のステップを可能とする。

③ 事例の考察

　児童発達支援センターに通いはじめた当初、保護者はまだ子どもの障害を受け入れていないケースがある。また、障害のある子ども本人とのコミュニケーションが難しい場合、保護者などの身近な家族が「代わって伝える」ことが多くなってしまうため、保護者の意向や思いがそのまま本人の支援に結びついてしまう危険性がある。さらに、保護者が子どもの障害を受け入れていなければ、支援に結びつかないこともある。

　この事例では、Qさんが子どもの障害と向き合うきっかけを、S保育士が意図的につくるように配慮している。その際、相手が言いにくいこと、直面するのを避けたいと思うことでも、相手を十分に尊重しながら話すことが大切である。その結果、Qさんの小さな変化が次のステップにつながっているのである。

　また、通所施設などでは、保護者との協働によって支援を進めていかなくてはならない。つまり、どれだけ施設で子どもへの療育・支援を行っていても家に帰ったときに何もしていなければ意味がないのである。そのため、帰宅後の生活を変えようとする子どもや保護者の動機づけが必要となる。

　障害のある子どもを育てる保護者への支援では、その支援過程を保護者の

養育力の向上や家族の発達の過程として位置づけることが重要である。「子育てに対してどう対応すべきかを教える」「不安を軽減して安定を図る」ことも大切ではあるが、子育てについて悩むこと、抱えている問題と向き合い、乗りこえる過程を見守ることも子育て支援では重視しなければならない。

演習課題

① R太の障害（知的障害、自閉症）の障害特性について調べたうえで、Qさんの「悩み」や「不安」について考え、R太の現状の課題・ニーズを整理してみましょう。

② R太のストレングスを次の表にある1～8について、第7章で学んだリフレーミングで考えてみましょう。

No.	前の表現	リフレーミング後	No.	前の表現	リフレーミング後
例	5歳	早期の療育が可能である	4	言葉によるコミュニケーションが苦手	
例	中度の知的障害	経験を積み重ねて出来ることが増える可能性がある	5	家ではオムツを使用	
1	自閉症であり、強いこだわり行動がある		6	施設内のレクリエーションに不参加	
2	母親の言うことをきかない		7	水遊びが好き	
3	頑固な性格		8	父親と育児について話が合わないことがあった	

③ R太本人への支援、家族への1年間の総合的な支援方針を考え、ワークシート「支援計画の作成」に、3か月・半年（7か月）に期間を定めた支援目標と支援計画を立ててみましょう。

　　　　　　　年　月　日（　）第（　）限　学籍番号＿＿＿＿＿＿＿　氏名＿＿＿＿＿＿＿＿＿

ワークシート「支援計画の作成」

総合的な支援方針

①本人

②家族

具体的な課題・ニーズ及び支援計画

課題・ニーズ	支援目標	支援内容 （内容・留意点等）	期間

第13章　児童発達支援センター（障害児の通所施設）における子育て支援

【参考文献】
小口将典編『臨床ソーシャルワーク―いのちに寄り添う高度専門職へのみちすじ―』
　大学図書出版　2015年
須永進編『事例で学ぶ保育のための相談援助・支援～その方法と実際～』同文書院
　2013年
西尾祐吾監修、立花直樹・安田誠人・波田埜英治編『保育の質を高める相談援助・相
　談支援』晃洋書房　2015年
永田典詞・岸本元気『保育士・幼稚園教諭のための保護者支援―保育ソーシャルワー
　クで学ぶ相談支援―』風鳴舎　2014年
日本保育ソーシャルワーク学会編『保育ソーシャルワークの世界―理論と実践―』晃
　洋書房　2014年

学ぶ・わかる・みえる
シリーズ　保育と現代社会

演習・保育と子育て支援

2019 年 8 月 20 日　初版第 1 刷発行
2024 年 3 月 1 日　初版第 5 刷発行

編　　集	小原　敏郎
	橋本　好市
	三浦　主博
発 行 者	竹鼻　均之
発 行 所	株式会社みらい

〒500-8137　岐阜市東興町40　第 5 澤田ビル
TEL　058-247-1227(代)
FAX　058-247-1218
https://www.mirai-inc.jp/

印刷・製本　サンメッセ株式会社

ISBN978-4-86015-490-5 C3036
Printed in Japan　　　乱丁本・落丁本はお取り替え致します。